unterwegs

24 ethnopoetische Reisegeschich[t]

Literatur pur 3

herausgegeben von Sigrid Norris
und Bernd Ulrich Biere

Marie-Luise Wünsche

unterwegs

---

24 ethnopoetische Reisegeschichten

mykum
Literatur

Bibliographische Information der Deutschen Nationalbibliothek

Die Deutsche Nationalbibliothek verzeichnet diese Publikation in der Deutschen Nationalbibliographie; detaillierte bibliographische Daten sind im Internet über http://dnb.dnb.de abrufbar.

Auf der Bornau 29
D-56321 Brey

Umschlaggestaltung nach zwei Bildern des Bonner Buchdruckers Gerhard Döbbeke , ohne Titel (© Gerhard Döbbeke 2017)

Druck und Vertrieb:
Books on Demand GmbH (BoD)
In de Tarpen 42
22848 Norderstedt

Printed in Germany

ISBN 978-3-9818173-7-9

"Die Haltung der Erzählung ist, glückliche Geschichten zu erzählen mit glücklichen Ausgängen, die nicht lügen."
(Alexander Kluge)

Inhalt

Geleitwort

Mit dem 3. Band unserer Reihe ‚Literatur pur' begeben wir uns nach zwei Gedichtbänden in den Bereich der Prosa. Anklingend an den Untertitel des ersten Bandes von Sigrid Norris (‚Gedichte aus *Ethnographischen* Feldstudien') hat Marie-Luise Wünsche die Kurzgeschichten ihres Prosabandes als ‚*ethnopoetische* Reisegeschichten' charakterisiert: Einer der brisantesten aktuellen Kontexte des Unterwegs-Seins ist zweifelsohne der Migrationskontext, in dem die alten Fragen von Heimat und Fremde, vom ‚Ankommen' (und Abgeschoben-Werden), vom ‚Aussitzen' oder ‚Fortfahren', ‚Abtauchen' und ‚Auftauchen' neue Konturen gewinnen, bis der vorweihnachtliche ‚Schneemann' sich dort wiederfindet, wo er nur noch ‚abtauen' kann: ‚on the road'.

Eine Straße freilich, die uns im Bewegtsein der Sprache, in Wörtern und Sätzen schwimmend, an verschiedene Orten führt, die uns vertraut erscheinen mögen, wie Paris, Husum oder Tschechien, wiewohl es sich nicht um reale, sondern um imaginäre Topographien handelt.

Wünsches Reisegeschichten lassen uns in diesem Spiel zwischen Realem und Imaginärem tatsächlich nicht ganz so ‚radlos'/ ‚ratlos' wie Alexander Kluges ‚*Artisten in der Zirkuskuppel*', zumal uns die Erzähler immer wieder vermitteln, wie dicht Mut und Übermut, Traurigkeit und Ratlosigkeit, Humor und Optimismus (zumindest im ‚Spiel der Sprache') beieinanderliegen und ineinander überzugehen vermögen.

im Februar 2018 Bernd Ulrich Biere/ Sigrid Norris

Angekommen

Sie waren angekommen. Eine Frau, ein Mann und fünf Kinder waren angekommen in der Fremde. Nachdem sie zuvor neuneinhalb Monate lang in einer Turnhalle gelebt hatten, zusammen mit knapp achtzig weiteren Menschen, deren Aufenthaltsstatus teilweise noch ungewisser war, ganz unabhängig davon, ob ihre Körper Spuren der Gewalteinwirkung Dritter trugen oder nicht, ganz gleich auch, wie deutlich und krass oder zurückgenommen und verschwommen die Sprache dieser Spuren war: eine Frau, ein Mann und fünf Kinder waren immerhin jetzt angekommen. In einer ihnen zugewiesenen Stadt, einem ihnen zugewiesenen Viertel dieser Stadt und einer ihnen zugewiesenen sechsräumigen Wohnung, deren Zimmer winzig waren, waren sie angekommen. Endlich!

Die Zimmer waren so winzig, dass die Frau kurz überlegte, ob sie überhaupt in den Raum, den sie als Schlafzimmer nutzen wollten, das Bett in Übergröße aufstellen könne, was sie brauchten, weil ihr Mann zwei Meter und fünf lang war. Zwei Meter und fünf lang zu sein, das war eine Durchschnittsgröße für Basketballspieler und er war Basketballer, in Tripolis, mit einer vielversprechenden Zukunft, der sich plötzlich kriegerische Auseinandersetzungen in den Weg stellten.

Hier angekommen, in der Fremde, die Heimat werden sollte, hing er allerdings bisher meistens nur auf dem Matratzenlager mit den Trennwänden Drumherum sein Leben ab, was einen Freund, der mit geflüchtet war, und in derselben Turnhalle Asyl nehmen konnte, gelegentlich dazu veranlasste, auf Russisch laut loszulachen: "Nicht einmal wie Oblomov! Und noch nicht einmal wie Oblomov!"

Er lachte das russisch, obwohl sie alle die russische Sprache eigentlich nur dann gut leiden mochten, wenn sie sich verkroch und schwieg. Aber eben, Oblomov, das war ja diese Figur aus der russischen Literatur von Weltrang, die, was sie noch nicht wissen konnten, auch in den Duden als superlativischer Inbegriff des stilvollen Faulenzen Einzug nahm.

Oblomov war ja nun mal der, der einen ganzen Roman über mehr oder weniger konsequent im Bett abhing und Besucher ängstlich anfauchte, sie sollten sich nicht zu nah an sein Krankenlager heranwagen, sie brächten ja doch nur die Kälte der Straßen mit. So war das mit dem Oblomov. Und nicht einmal so war es eben über mehr als neun Monate mit ihnen.

Jetzt aber waren sie als Familie in ihren eigenen Räumen angekommen und die Angst davor, doch noch abgeschoben werden zu können, nahm tagtäglich nur umso deutlicher ab und grenzte sich dabei in zunehmend hübscher wirkenden Zäunen ab, je nachhaltiger Alltag einkehrte, mit seinen kleinen Freuden und der darin keimenden Beständigkeit.

Die Kinder gingen alle fünf in die Schule. Eines war so gut, als hätte es nie eine andere Sprache sprechen müssen, als diese neue Sprache der neuen Heimat. Mit kamen alle in der Schule, so war es ja nicht, alle waren fleißig und strebsam, unter anderem auch deshalb, weil ihnen allen Alligatoren in den Nacken hockten, die jedes Mal zubissen, sobald die Konzentration der Kinder nachließ. Deshalb passten sie auch gut aufeinander auf und darauf, dass ihre Eltern sich nicht bei allen Sorgen auch noch um sie sorgen müssten. Aber eben, einer war besonders gut, besser als alle anderen seiner Klasse und sein Lehrer scherzte gerne, wurde er gefragt, wie sich denn der Flüchtling in der Klasse machte, in der er der einzige war, der noch um seinen Migrationshintergrund wisse:

"Besser als Kleist. Vasili balanciert seine schönen deutschsprachigen Sätze besser aus als Kleist! Aus ihm wird noch was Großes. Ein Storyteller. Vielleicht wird er Drehbücher schreiben? Wer weiß?" –

Der Vater hörte auf, herumzuhängen, obwohl oder vielleicht gerade, weil die Zimmer und die Betten zu winzig waren für ein normales Leben in normalen Zeiten, dort, wo kein Krieg war, sondern nur gelegentlich die Weltgewalt in Form von Selbstmordattentaten und Frauenwürdevergewaltigern anklopfte oder vielmehr eindrang, ohne anzuklopfen.

Die Mutter wusch und nähte, kochte und buk, fand sich ein in diese klassische, längst überkommene Frauenrolle, obwohl sie selbst Akademikerin war, mit Doktortitel sogar, aber das war in einem anderen Leben, Hauptsache sie fassten jetzt hier alle Fuß.

Abends saßen sie alle beisammen und lachten und scherzten, mal in der Sprache der alten fernen und dann wieder in der Sprache der neuen fremden Heimat, bis eines Tages der Übersetzer, den sie noch kannten, vor ihrer Haustür stand, zusammen mit ein paar Leuten vom Ordnungsamt, von der Polizei und einem vom Zoll.

Die Fliege machen

Morgen, morgen wäre es soweit, sie hätten die Fliege zu machen, den Absprung zu finden, sich loszueisen, alles hinter sich zu lassen, fast vogelfrei das Weite zu suchen. Das hatte sie gestern gesagt, die neue, alte Freundin. Das Kind hatte sie auf der Straße kennengelernt. "Morgen, morgen machen wir die Fliege, Kleine, springen ab, eisen uns los", sagte die alte Freundin und hatte ihr dabei noch von dem eh sehr spärlich bemessenen Klopapier zwei Blatt gereicht, dabei die Augen Richtung Gebüsch gedreht, und mit der rechten Augenbraue, die sie kurz hochzog, zugleich zur Eile gemahnt.

Dort, wo sie vor wenigen Stunden angekommen waren, konnten sie nicht bleiben. Dort, wo sie in wenigen Stunden angekommen sein würden, würden sie ebenfalls nicht länger bleiben können, und so schoben sie sich schon seit etlichen Monaten durch ein eigentlich reiches Land: obdachlos, chancenlos und trotzdem guter Laune.

"Wir müssen guter Dinge bleiben", das sagte die neue alte Freundin mehrmals am Tag und ihre warmen Augen mit den Sonnenstrahlen drumherum lachten dabei. Und bis jetzt konnte sie ihr, dem Kind, auch noch jedes Mal, wenn sie diesen Satz aussprach, eine Kleinigkeit zu den Worten hinzuschenken, ein paar Blatt Klopapier etwa, echtes, weiches und zartes Klopapier, kein wie Bimsstein aufscheuerndes Zeitungspapier, für die Notdurft, oder einen halben

Hamburger, mit etwas eingesammelter, noch halbwegs frisch schmeckender, obwohl insgesamt durchaus bereits abgestandener Limonade, oder ein Blatt Papier, manchmal war das auch Klopapier, manchmal herausgerissenes Notizbuchpapier. Auf das malten sie dann gerne gemeinsam die Buchstaben der Sprache. Es war die Sprache der alten Frau, aber nicht ihre eigene. Ihre eigene hatte sie, das Kind, niemals gelernt aufzuschreiben, sondern nur auszusprechen und mit dem Aussprechen dann stets auch das Gesprochene zu vergessen und zwar vollständig, das wie und das wofür und das was, komplett. Nur das wem, das behielt sie, behielt das Kind, das Du, das einen anlachte dabei oder mit den Augen zwinkerte, das war ja immer da, vor, während und nach dem Plauschen zum Vergnügen.

Zu Hause hatte ihre Mama ihr gelegentlich einmal erklärt, ihre Sprache habe es nicht nötig, wie etwa das Russische, aufgeschrieben zu werden, der Schriftträger ihrer Sprache sei der Wind. Der berge alles Wichtige, hatte dann ihr Papa ebenso gelegentlich noch hinzugefügt, alles berge der Wind, was wir nicht dem Tee anvertrauen oder aber für immer in unserer stillen Kammer unseres rasenden Herzens belassen könnten.

Also hatte sie, das Kind, auf der langen, weiten Reise, die hinter ihnen allen lag, zuerst nach und nach alles verloren: die Muttersprache, die keine Schriftsprache war, Papa, Mama, zuletzt noch alle sieben Geschwister und ganz zuletzt sogar die Zuversicht. Diese gewann sie jedoch Stück für Stück zurück, sobald ihr jemand etwas Gutes zusteckte, etwas Gutes in allerkleinsten Dosen, ein Stückchen Schokolade, allerdings verbunden mit einem komisch bitteren Lächeln oder ein schönes und offenes Lächeln ohne Schokolade oder irgendetwas Anderes, das sie noch nicht richtig einschätzen konnte, nicht beim Worte oder Namen zu packen verstand. Das lag daran, dass es das, wo sie herkam, nicht gab.

Oft machten die Menschen, die ihr so etwas Fremdes reichten, dabei Gesten, führten etwa den Gegenstand zum Munde, aus dem mehrere "Hms!" gleichzeitig drangen, und fuhren abschließend noch mit einer flachen Hand kreisend über ihren Magen und lachten dann freudig auf. Oder sie gaben ihr etwas, zeigten dabei auf ihren eigenen Mund, schüttelten aber währenddessen heftig den Kopf hin und her und sagten laut: "Nein, nein, nix essen, nicht gut". Daraufhin rieben sie sich etwa mit der einen Hand den gegenüberliegenden Arm weich ein oder das Gesicht mit beiden Händen oder fuhren mit beiden Händen durch ihre Haare, als gelte es, diese zu waschen. Manchmal lächelten sie auch dabei und ließen ihre Nasenflügel lustig hin und herwandern, als gelte es gut riechende Düfte einzuatmen und sagten etwa dazu: "Nix essen, nur gut riechen".

Dann hatte sie diese alte Frau getroffen, die sie an die Hand genommen hatte, der sie zuvor durch Hochhalten aller Fingerchen der linken Hand, denn das war ihre schöne und gute Hand, ihr Alter erzählt hatte. Und gemeinsam mit dieser Frau machte sie jetzt schon so lange die Fliege, kreuzte und querte also dieses neue Land immer wieder neu und immer wieder anders, als wäre sie immer noch auf der Flucht und ihr war dann wiederum Tag für Tag immer deutlicher so, als wäre etwas des Verlorengegangenen wieder zu ihr zurückgekehrt: verwandelt und doch ganz bei sich.

Sie konnte endlich wieder die Nächte unter freiem Himmel ruhig schlafen und wurde morgens, wie schon viel zu lange nicht mehr, geweckt, von einer Stimme, die freundlich und leise sprach. Sie sprach freundlich und leise Worte, die das Kind anfangs alle gar nicht verstand, während sie später immerhin nach und nach ein paar der Worte zu deuten gelernt hatte. - Allerdings sagte sie immer noch die Worte, die sie nicht verstand, nur umso lieber auf, plapperte sie nach, warf sie durcheinander und kreuz und quer, ganz so wie sie liefen und unterwegs waren, gegen die Angst und für die Zuversicht, und um derart irgendwie die neue Muttersprache zu lernen, die ganz eigentlich eine Omasprache war, die jeden Morgen nur etwas variiert das Kind, also sie, in den Tag begleitete:

"Kind, sch, sch, sch, wach auf, ja? Wir müssen die Fliege machen, hörst Du? - "Loseisen müssen wir uns, Kind. Schnell, schnell, da, nimm, geh und komm wieder, und dann weg! Sch, sch, sch, schnell, komm, Kind, komm. Wir müssen guter Dinge bleiben, hörst du, ja?"

Unterwegs

Sie waren angekommen, um wieder fort geschickt zu werden, was sie nicht wissen konnten, als sie vor eineinhalb Jahren ihre Heimat verließen, die keine Heimat mehr war. Jetzt hatte sie keine Tränen, er keine Geste des Trostes und alle drei Kinder kein Lachen mehr übrig.

Alle hatten ihre Schätze aufgehoben, so lange es nur irgend ging, sie etwa vor Freude geweint, als er ihr von dem ersten Geld ein Kleid mit großen Sonnenblumen drauf geschenkt hatte, er daraufhin den Arm um sie gelegt, wie zum Halt, und alle Kinder, die er mit Süßigkeiten und Obst versorgt hatte, hatten vor Verlegenheit und Lust gelacht.

Auch gab es im selben Monat, in dem er seine Familie mit Geschenken überhäufen konnte, eine Zirkusvorstellung, die sie alle gemeinsam besucht hatten. Und wie hatten sie sich gefreut, als sie bemerkten, dass eine Gruppe der Artisten sich die Kommandos gegenseitig in genau jener Sprache erteilten, die sie in einer fernen Heimat, also vor langer Zeit, über Straßen und Felder hallen hörten. Es gab sie also noch.

Diese Konsonanten, die weichen und harten, die den Menschen hier, welche sie aufgenommen hatten, so ganz und gar unbekannt zu sein schienen, sie schossen nun also die Seile hinauf, um dem Himmel näher zu sein, und kurz danach wieder im Sturzflug hinab, ins Sägemehl hinein. In der fremden Sprache, die die eigene werden sollte, hatten sie diese Konsonanten so noch nie gehört, keine Knacklaute außerhalb ihrer eigenen Gespräche innerhalb der alten Heimatsprache, die einen noch so zarten Anklang an das Verlorene bedeuteten, bis sie eben das verloren Geglaubte selbst, die eigene alte Sprache im Zirkus hören konnten. Nein, wie sie klatschten und lachten, als die Zirkusartisten ihre Vorstellung beendeten und sich verbeugten.

Jetzt saßen sie alle hier im Regen, unter einem Glasdach, keinem Wellblechdach, und schauten auf ein paar Birken und eine Hasel auf einer kleinen Wiese. Die erstreckte sich über eine ebenso kleine Anhöhe. Und sie spürten alle, aber jeder für sich, die Turnhalle, ihr provisorisches Heim, im Nacken sitzen, als Schalk und Gnom und gute Hoffnung.

Ein Teil eines Pilotprojektes sollten sie sein, hatte die Übersetzerin, die bei ihnen saß, erläutert. Manche von ihnen waren bereits in der Nacht ohne Voranmeldung abgeholt worden, um wieder zurück in ihre Heimat geflogen zu werden, die keine Heimat mehr war. Sie alle seien nicht der wiederholten Aufforderung nachgekommen, dieses Land sofort zu verlassen, weil ihre Asylanträge abgelehnt worden waren, da sie aus einem zwar insgesamt schwierigen Herkunftsland kämen, aber dort aus einer Region mit relativer Sicherheit.

Es wurde ihnen allen jetzt gesagt, dass dieses Pilotprojekt, dessen Teile sie seien, mit mehreren Zermürbungstechniken zugleich arbeitete: zu unverträgliche und vollkommen unbekannte Speisen für ohnehin gefährlich aus dem Gleichgewicht geratene Mägen, die auf der Flucht bis zu dreißig Tage hintereinander nichts oder zumindest so gut wie nichts zu essen bekamen, was für viele unter ihnen, immer noch mehr war, als zu Hause, wo manche der Kinder, die jetzt hier unter dem Glasdach saßen, Sandplätzchen aßen gegen den Hunger, obwohl sie vorab wussten, dass diese Plätzchen nicht sättigten, sondern schmerzten und also ebenso wenig eine Nahrung waren wie die alte Heimat eine Heimat war.

Hier gab es immer etwas Brot, was während der Fluchtetappen nicht immer so regelmäßig und zuverlässig der Fall war, wie jetzt in dem Land, in dem sie angekommen waren.

Und nun hörten sie also, dass ihre Fluchten alle gar keine Fluchten gewesen seien, sondern Ausflüge sozusagen, lange, lange, lange Ausflüge.

Eine hörten sie lachen, einen weinen, manche Kinder sahen sie verstummen, andere hörten sie laut herumplappern, und es hörte sich nicht so an, als berge dieser Wortesalat in irgendeiner Sprache etwas anderes als Unsinn.

Während sie stumm und regungslos dasaß, abgesehen von ihrem kreisenden Blick, fiel ihm plötzlich auf, dass die eigenen Kinder alle drei in den Himmel schauten und Tiere in die Wolken malten, die durch Reifen zu springen hatten, und eines rief dann laut in einer Sprache, die wir nicht verstehen, dass es Wolkenzirkustiere seien, aus einer anderen Welt, in der alles leicht fiele. So jedenfalls informierte uns die Übersetzerin.

Sommergrillen

Die Wolken brannten an jenem Tag, weil die Sonne ihnen aufs Dach geklettert war, um sich ein wenig abzukühlen. Aus der Sahara war terrakottafarben der Staub über tausende und abertausende Kilometer bis hierhin geweht worden, so phantastisch sich das auch anhören mag, so alljährlich passierte es doch, und das Rot des Sandes war in jedem Jahr anders und jedes Mal ganz und gar eigenartig.

Hier saßen währenddessen Einige von ihnen in Schrebergärten jener, von denen sie annahmen, die wären immer schon hier gewesen, schon vor ihrer Geburt sozusagen, in Form ihrer Eltern und Großeltern, mütterlicherseits und väterlicherseits, was natürlich nicht stimmte, nicht stimmen konnte. Du brauchst nur einmal die *Bläck Fös* dir reinzuziehen, hier, diesen Titel. "*Su sin wir all hierherjekumme*“, dann is dir schnell klar, dass das einzig Bleibende in der Menschheitsgeschichte der Wechsel, die Vertreibung, die Flucht oder auch nur die halbwegs freiwillige Aussiedlung und Neuansiedlung sind. Das könnte wohl ganz gut so auf ewig bleiben, schätze ich mal, falls wir nicht vollends zu Wegschmeißhumanoiden mutieren, die jederzeit überall ins Erdreich implantierbar und fast so mühelos wie das Ziehen eines ganz normalen Backenzahnes auch wieder heraus zu rupfen wären, und damit dann eben keine Menschen mehr, sondern Avatare ihrer selbst. Das wäre allerdings abzufedern, durch die gleichzeitige

Implantierung ethischer Grundsätze, die auch für Cyborgs gelten. Ob es danach Maschinen zumutbar wäre, unterhalb anderer, mit Höchstgeschwindigkeit durch die Länder Europas fahrender Maschinen durch ihr technisch simuliertes Leben zu rasen, immer Gefahr laufend, abzurutschen und anschließend überfahren zu werden, also in Stücke zu bersten, die das Umfeld der Schienen böse verunreinigten?

Einige von ihnen, die dasaßen, wie nicht dazugehörig, blinzelten in die Luft, als suchten sie zu vergessen. Andere hüstelten oder lächelten verlegen vor sich hin, um nur gelegentlich diese Gesten des um Entspannung bemühten Beisammenseins mit Erheben der Gläser, Zuprosten und Schlucken zu unterbrechen. Wieder andere drehten ihre Köpfe Richtung Grill und suchten in ihren zerebralen Speichern nach einer Mimik, die Vorfreude auf gemeinsames Speisen sommerlicher Bratenspieße, nebst Gemüse und Salat, bezeugen könnte.

"Also, wenn du lieber vegan willst, gegrillter Mais schmeckt auch total lecker." -
"Oh, thanks, I know it very well from my time in Texas." -
"Ich habe sogar schon einmal auf einer sehr netten Veranstaltung gegrillte Erdbeeren und so probiert. Nicht schlecht!" -
"Pas mal, je sais. Ach, schau, die Kinder, wie sie ruhig miteinander spielen, ganz und gar sich selbst hingegeben und verschworen mit den Gegenständen, die ihnen offensichtlich ziemlich poetisch vorkommen." -

"Find ich auch, und dann gibst du denen ein paar gegrillte Würstchen, Pommes dazu, viel, viel Ketchup und sie sind im Paradies." -
"Können wir auch, brauchen nur noch etwas Bier dazu." -
"Also ich finde ja auch, dass das Freud'sche Konzept vom polymorph perversen Kind auf gar keinen Fall aufgeht." -
"Das hat er doch wahrscheinlich von Augustin oder?" -
"Pardon, je ne compris pas. Merci, le buffet et formidable"-
"Ihr habt ja alle keine Ahnung, was in manchen Kinderzimmern abgeht, also, ich hol mir noch mal etwas von dem Rinderfilet, es scheint gerade fertig zu werden." -
"Wieso meinst du ausgerechnet, zwischen Freud und Augustinus eine gedankliche Verwandtschaft feststellen zu können?" -
"Ich dachte weniger an gedankliche oder emotionale Verwandtschaft und mehr an intertextuelle Referenzen." -
"All right, let's go and have a little drink!" -

Das Kind aber, das dies alles beobachtete, von weiter weg, von einer Wiese aus, auf dem es kopfballte, allein, weil die anderen Kinder gerade eben keinen Bock hatten, mit ihm zu spielen, um alles viel, viel, viel später einem ästhetischen Verfremdungsverfahren anzuvertrauen; das Kind aber gab es wahrscheinlich gar nicht und wird es auch wahrscheinlich nie geben. Denn Kinder sollten nicht Zeugen von ängstlichen Sonnen werden, die die Wolken zum Abkühlen aufsuchen, weil sie dann eben viel zu erwachsen für eine gelungene childhood geraten müssten.

Stattdessen tobten wahrscheinlich plötzlich fünf Freunde, ein Colli, schwarzweiß gefleckt, zwei Mädchen und zwei Jungens auf, rannten zu den Erwachsenen hin, zeigten zu der Sonne hoch, und lachten in mehreren Sprachen zugleich:

"Oh, look!"
"Schau, Mama schau, die Sonne spielt Wolkengrillen!" -
"Peut- être il pleut?"
"Rain you are welcome to help these little poor clouds!" -
"Wir haben schön gespielt und alles hat super geschmeckt, aber das da oben ist absolut voll krasses Wolkengrillen der Sonne. Da hilft auch kein Regen mehr." -
"Oder wollen wir es lieber Sommergrillen nennen?", warf einer der Erwachsenen ein, "das wäre, weil wir hier unten ja auch grillen, so schön doppeldeutig."

Höhenflug mit Graslandung

Als die kleine Ballerina ausstieg, bemerkte sie ihren doppelten Irrtum. Sie hatte sich vertan, und zwar in der Zeit und im Raum.

Es war nicht der siebzehnte August neunzehnhundert und eins und es war auch nicht Berlin, wo sie einen Gastauftritt auf einem dieser damals handelsüblichen kleinen Jahrmärkte gegen vierzehn Uhr haben sollte, gleich neben dem Wurfstand, an dem man Kaffee und zwar echten Bohnenkaffee, gewinnen konnte, traf man drei Blechdosen hintereinander derart, dass sie die Bodenhaftung gänzlich verloren, und neben dem Seidenfadenzaubergeschäft, das zum Ziehen an dünnen Fäden für einen Groschen einlud, an deren Ende entweder nichts oder aber kleine Bonbons, Pralinés oder Gelee-Konfekt zu finden waren, einer sollte sogar am Ende eine echte, kleine, leicht rosa schimmernde Perle bergen: in der Mitte von links Blechdosen und rechts Seidenfäden hätte sie auf einem Seil, das dicht über dem Boden gespannt worden wäre, tanzen und spagatieren, herzen und luftküssen, und vor allem lächeln, lächeln, lächeln sollen.

Nun aber wurde daraus nix, mit Zuckerwatte obendrauf, und sie hätte gerne auf eine Uhr geschaut, um sicher zu gehen, wie exakt sie sich in der Zeit geirrt hatte, in welchem Jahr also und zu welcher Jahreszeit sie um welche Tages- oder Nachtzeit wie Strandgut angeschwemmt worden war, weil sie ihr Luftschiff zur Unzeit landen ließ und dann, zu allem Überfluss, auch noch ausgestiegen ist.

Wäre sie im Luftschiff verblieben, hätte dieses selbstverständlich automatisch wieder an Luft und Fahrt zugenommen, den offensichtlichen Fehler in der Navigation beim Flug zu korrigieren versucht, so lange, bis es die kleine Ballerina verließe und damit anzeigte, dass ihr feiner Maschinenfreund jetzt sowohl Zeit als auch Raum angemessen berechnet hätte. Aber sie war ja ausgestiegen, sie war einmal mehr zu ungeduldig gewesen, und das war ihr allergrößter Fehler. Nun gab es so leicht keine weitere Korrektur. Einfach wieder einsteigen ging nicht.

Das Luftschiff im Outfit des achtzehnten Jahrhunderts und einer technischen Ausrüstung des siebenundzwanzigsten Jahrtausends benötigte von ihr, auf die es ja zugeschnitten war, dafür neue emotionale und neue analytische Anweisungen, sprich intelligible Adnoten, wie es in der Sprache der Wissenschaften ihres Jahrtausends korrekt hieß. Gut, da sie nun ausgestiegen war, gab es keinen direkten Weg mehr zurück, sondern nur noch die Möglichkeit in dieser Umgebung eben beides zu generieren, also spazieren zu gehen, aufmerksam und währenddessen einzublicken, also mit den Augen aufzunehmen, an die zerebralen Vernetzungen entsprechend codiert weiterzuleiten, wobei sie auf gar keinen Fall das durch und durch glückliche Lachen vergessen durfte, damit eben auch die emotionale Intelligenz an die analytische Intelligenz angekoppelt werden konnte, die ohne sie zwangsläufig vollkommen blind und also nutzlos, ja manchmal sogar gefährlich werden würde.

Erste Verdachtsmomente konnte sie ja der Umgebung durchaus entnehmen, denn der Planet, auf dem sie gelandet war, kannte offensichtlich noch die Jahreszeiten oder hatte immer Herbst, weil die Allee, die zu einer Art Meer hinunterführte, das sie bereits sehen konnte, über und über mit orangerot schimmernden Blättern verschiedener Laubbäume übersät war.

Ging sie nun von der These aus, die die weitere Beobachtung leiten solle, dass der Ort, an dem sie angekommen war, unabhängig davon, ob er auf der Erde, dem Mond, dem Mars oder sonst wo liegen mochte, Jahreszeiten mit differenten Klimazonen kannte, trotz des immer schlimmere Folgen zeitigenden Klimawandels, dann dürfte es sich nicht um den Monat August, sondern eher um Ende Oktober oder Anfang November handeln. In Bezug auf den Tag allerdings blieb sie erst einmal notgedrungen weiterhin vollkommen orientierungslos. Die Uhrzeit nun wiederum, die las sie Pi mal Daumen dem Sonnenstand ab, also ging sie davon aus, dass es etwa zwischen sechzehn und siebzehn Uhr sein müsse, wahrscheinlich noch nach Sommerzeit.

Jetzt stellte die kleine Ballerina sich auf ihre Zehenspitzen, drehte sich ein paar Mal um sich selbst, stoppte und schlug den Weg ein, in dessen Richtung sie zuvor während des Überlegens so angestrengt geschaut hatte.

An vielem kam sie vorbei, für das es ihr an Namen und Begriffen fehlte, an manchem auch, das sie an zu Hause erinnerte, das für kleine Ballerinen ja stets auf Tour zu sein bedeutete, also von Zirkus zu Zirkus und von Jahrmarkt zu Jahrmarkt und durch alle Universen aller Universen hindurch zu reisen hieß. Wie Ballerinen es so tun, ohne Netz und doppelten Boden, so schwebte sie auch jetzt, während sie dies alles dachte, sagte und mit inkludierten Bitschreibmaschinen synchron protokollieren ließ, die das ebenfalls synchron der Welt zum Weiterlesen und Weiterschreiben anvertrauten, schwebte auf schräg in die Luft gehaltenen Zehenspitzen über Ecken und Kanten hinweg, und auf die Wesen dieses Planeten zu.

Es waren keineswegs Menschen, so viel stand fest, und ein Jahrmarkt war auch weit und breit nicht zu finden, auch das war klar. Dafür aber gab es Meer, Meer, Meer und darüber Wiesen und Felder und Wälder, die sie so nach und nach alle hinabtänzelte, dabei nach links und nach rechts winkend und lächelnd all den Wesen, die sich an ihr vorbeibewegten, mal in dieselbe Richtung wie sie, dann wieder in eine andere. Was davon Leben war, von diesem Bewegten, nach der ururalten und von den Wissenschaften ihrer Zeit längst widerlegten Formel, dass es über DNA verfügen müsse, um Leben, Organon, zu sein, mit der man aber auch in ihrer Zeit trotzdem immer noch rechnete und arbeitete, weil es so gut ging, das also, ob es Leben oder nicht Leben war, das traute sie sich nicht festzulegen. Es war auch nicht wichtig, weil alles um sie herum schön, friedlich und voll des gegenseitigen Respekts war.

In der Weite, sah sie nun Rauch und längst schon hatte sie Gegrilltes gerochen. Das wäre der richtige Platz, dachte die kleine Ballerina, um die so wichtigen intelligiblen Adnoten einzublicken, und später an das Luftschiff, zerebral funkcodiert, weiterzugeben. Schritt für Schritt, so, wie sie es gelernt hatte, also auf Zehenspitzen, machte sie sich also wieder bergaufwärts auf den Weg, schaute gelegentlich zum Meer hinunter und zurück und tanzte sogar ein wenig hin und her.

Als sie bei der fröhlichen Gesellschaft unterschiedlichster Wesen angekommen war, die offensichtlich alle fähig waren, Kommunizieren und Essen und Trinken so geschickt zu steuern und abzuwechseln, dass keines sich beim Sprechen verschluckte oder beim Essen ins Stottern geriet, reichten Sie alle ihr sofort Flosse, Hand oder andere, ihr bis dato unbekannt gewesene Wärmeüberbrücker, gaben ihr auch ein Getränk und einen Teller, damit sie sich selbst bei den Speisen bedienen mochte, und machten sie rasch mit einem weiteren Fremden ungeklärter Herkunft bekannt, bei dem es sich doch tatsächlich um ihr Luftschiff handelte.

Es hatte ganz offensichtlich inzwischen Entscheidendes dazugelernt, sich selbst nämlich in die Lage versetzt, die für die weitere Wolkenreise notwendigen Informationen eigenständig zu sammeln. Das Luftschiff öffnete die Tür und lud sie zum Einsteigen ein, machte dabei allerdings, wie sie fand, sozusagen Fragezeichenaugen, so dass sie den Kopf schüttelte, weil sie noch eine ungewiss lang dauernde Weile bleiben wollte. Hier.

Er, sie oder es, das außen so antiquiert anmutende und innen so avantgardistisch mit High Tech ausgerüstete Luftschiff begriff offensichtlich, fühlte womöglich sogar ähnlich, schloss die Tür und nahm sie mit einer ihr bis dahin noch nie aufgefallenen handgleichen Geste, beim Wort.

Waldwärts

Pilze waren ihr zeitlebens mehr Freude als Last. Das hatte sich auch nicht in ihrem siebenundachtzigsten Lebensjahr geändert, obwohl sich, von Tag zu Tag deutlicher, die leichten Hügelzüge der Heimat ihres hohen Alters, die nur ein paar Spuk-Züge von der Heimat Krabats entfernt war, und trotzdem in einem anderen europäischen Land lag, gleichsam unter ihren Füßen, und nicht nur für die zunehmend schmerzenden Waden und Hüftknochen, in kaum ohne Sauerstoffgerät zu bezwingende Siebentausender verwandelten.

Doch, so lange es noch ging, mit Hilfe des Stocks, der schon ihrer Mutter und ihrer Großmutter gute Dienste leistete, und mit Hilfe einer großen Portion Pferdesalbe dazu, ging sie zur Pilz-Zeit täglich den kleinen Weg von Hesky Dolny nach Dobré Dolny rüber, um dann den langen und sich zäh aufwärts schlingenden Waldweg mit Atembremse und Atemstopp bis eben dort hin zu wählen, wo die alte morsche Buche stand, in der sie gelegentlich schon einmal ganze Kauzfamilien vermutete, ohne freilich nachzusehen, ob ihre Vermutung sich an der Realität messen könne, weil es ihr darum eigentlich nie ging, schon gar nicht dann, wenn sie sich beim Pilzesuchen eine kleine Auszeit vom Ernst des Lebens nahm, und mehr mögliche als tatsächliche Kulissen möglicher Gefühle, innerhalb möglicher Geschichten suchte, die mit ihr und ihrem Leben, ihren Freunden, Nachbarn und Familienangehörigen nur insofern etwas zu tun hatten, als sie durch ihr Anderssein abzulenken hatten vom Sosein ihres schrumpelig gewordenen, ansonsten immer noch ganz hübschen Lebens.

Wenngleich sie ihre täglichen Ausflüge in den Wald sich selbst und anderen gegenüber gern als Pilzsammelausflug bezeichnete, waren sie doch, recht verstanden, alles andere eher als das, denn es kam nicht oft vor, dass sie mit ein paar Pilzen im Körbchen ins Dorf zurückgekehrt wäre. Vielmehr also waren ihre Waldspaziergänge Pilzbeobachtungswege, und gelegentlich auch das nicht einmal. Denn ganz eigentlich war sie mehr mit den Rahmenbedingungen der Pilzwelten, als mit den Pilzen selbst beschäftigt, blickte auf die sich tagtäglich wohl tausendfach verändernden Umwelten der Pilze mehr als auf sie selbst, bestaunte etwa die Farne und den Mischwald, die hier und dort eingezogenen Waldwiesen mit ihren Waldkräutern und Gänseblümchen, Butterblümchen, Löwenzahn sowie ihr, den Pilzen, wahrscheinlicher als ihr selbst geltendes Rauschen von Bach und Wind, um derart ganz und gar bei sich, weil in der Welt zu sein.

Manchmal setzte sie sich tatsächlich für eine längere Weile auf einen Baumstumpf, der auf der höchst gelegenen Au bereitstand, dachte an den Spaß einer Frau von Drüben, aus Deutschland, den sie gar nicht komisch fand. "Au, nicht au!", - lachte die Bekannte dann nämlich gerne, wenn sie zu Zeiten gemeinsam hier hochgestiegen waren, als sie noch lebte.

Zwar zankten sie sich oft und stritten sich und schlugen sich, wie altgewordene Ronjaräubertöchter, die Schimpfworte gegenseitig um die Ohren, aber doch mehr nur so zum Spaß, aus Freude an der Bewegung und dem Disput, denn ganz eigentlich mochten sie sich wirklich sehr. Und zu Zeiten, als die Grenze noch bewacht wurde, von Grenzsoldaten, da trafen sie sich oft um Weihnachten herum, auch hier, mitten im Wald, und tauschten die Bäumchen aus.

Die Freundin brachte eine deutsche Tanne und nahm eine tschechische Kiefer mit rüber nach Zaubergrund, das ganz in der Nähe von Liberec lag, nur eben auf Boden der demokratischen Republik Deutschland und nicht auf dem der tschechoslowakischen Republik.

Oft verstauten sie die Bäume erst in ihren Wagen, tauschten auch Waren aus, die es dort gab und hier nicht, gegen solche, die es hier gab und dort nicht. Gab es in der DDR Klopapier, konnte davon ausgegangen werden, dass es in der ČSSR gerade bitter fehlte, wo es dann etwa Zucker in rauen Mengen gab. Und wie oft hatten sie ganze Sommer hindurch Gänse essen müssen, die nicht selten aus Polen stammten und aus dem reichen Westen zurückgesendet wurden oder gar nicht erst abgenommen worden waren, und die ebenso selbstverständlich, wie sie im Hochsommer da waren, wenn keiner sie essen wollte, im Winter und zur Zeit der Lichterfeste fehlten, wo man sie doch gerade zum Weihnachtsfest von ganzem Herzen ersehnte, damit es heimelig werden könne.

So saßen sie dann, im Anschluss an einen kleinen Waldspaziergang, oft noch bei ihr unten im Dorf, gemeinsam mit ihrer Familie und einigen Nachbarn, tranken Becherovka und lachten herzlich über dies und das, natürlich auch über Stasiwitze und die Wessis, mal auf Deutsch und mal auf Tschechisch. Die Besuche blieben schlagartig aus, als die Mauer fiel.

Aber sie fehlte eben, nun schon seit fast dreißig Jahren, wie auch alle anderen Freunde und Freundinnen fehlten, jede und jeder auf seine Art. Die Meisten von ihnen waren verstorben, meistens an den Spätfolgen von Krebs, Schlaganfällen oder Herzinfarkten.

Den eigenen Mann, die drei Söhne und die eine Tochter hatte sie in jenem Jahr bei einem Autounfall verloren, als auch die Freunde unter den Nachbarn wegstarben, wie die Fliegen, an ihren schweren Krankheiten. Andere, Jüngere waren gekommen und es gab neue freundschaftliche Beziehungen, bei denen sie freilich, allein durch den enormen Alltagsunterschied, mehr ein liebenswürdiges oder nervendes Faktotum sein mochte, als Freundin.

Andererseits gab es in den gegenwärtigen Zeiten keinen Grund über Vereinsamung zu klagen, denn die medialen Veränderungen hatten die Gefahren der Vereinsamung durch zunehmende Modulisierung der Denkhorizonte und Distanzierung der Kommunikationspartner voneinander, eher verringert als erhöht. Du konntest whatsappen, twittern und facebooken, liken und disliken, dich in Foren und

Blogs einlinken, was das Zeugs hält, und abends dann noch skypen, mit den anderen Familienangehörigen, die über die ganze Welt verstreut waren, und lebten, um zu arbeiten.

Die Jungen gingen damit sicher anders um als die Alten, denn die Alten hatten ja zudem noch weltweit öfter ihre Vorlieben für zirkulierende Zeiten bewahrt, in denen Geschichten zirkulieren können, und traten dergestalt vollkommen anders einander näher, körperlich präsenter, beherzter vielleicht, aber auch bestimmt zickiger und unberechenbarer, das lag an der dünner werdenden Luft und an dem zunehmend bröseliger werdenden Lebenshorizont.

Kaum nur annähernd so gut wie ihr Urenkel, der in Amerika groß geworden war, und dort weiter lebte, gab es hier doch eben weder Eltern, noch Tanten oder Onkels, noch Cousins und Cousinen oder gar Geschwister, dort aber immerhin einen entfernten Verwandten, der ihn aufgenommen hatte, verstand sie zu skypen, skpyte er doch mit seinem gesamten Familienkreis und Freundeskreis, alle Probleme rund um Kita und Afterwork-Cocktails durch und skypte eben manchmal auch mit ihr, der weit entfernt lebenden Urgroßmutter, die ihm wahrscheinlich wie eine Kräuterhexe aus den Geschichten um Rumzajs und Manka vorkommen mochte, sofern er über diese tschechischen Geschichten überhaupt noch Bescheid wusste.

Sie war bei all diesem Hin- und Herdenken, das synchron zum Kreuz- und Querlaufen ihr wirklich nur in der Kühle des Waldes ungehindert gelingen wollte, schon wieder bergabwärts und also heimwärts geklettert, und allein durch die Bewegung dabei einmal mehr so frisch und gelenkig geworden, dass sie jetzt den Stock, wie als kleinen Gruß an einen Trapezkünstler aus einer fernen Geschichte des ebenso fernen Franz Kafkas, mit beiden Händen vor sich ausgestreckt vertikalisierte, als ihr Handy mit dem Klingelzeichen sich einschaltete, das Vogelstimmen imitierte, die Handystimmen imitierten, und freute sich auf die damit angekündigte Möglichkeit eines Gesprächs, bei dem sie sich Mimik und Gestik und Aufgelegtheit des fernen Freundes oder der fernen Freundin dazu zu denken hätte.

Über Moskau wird's schon heller

"Über Moskau wird's schon heller", trug der Wind gegen den Regen Worte vom Norden gen Süden, von denen sich nicht mehr mit allerletzter Gewissheit sagen ließ, wer sie wo und wann gesprochen hatte.

"Vielleicht", überlegte Marie Aimée", die gerade in Paris, auf der den Touristen unbekannten Seite des Montmartre mit ihrer Oma spazieren ging, denn die Einkäufe hatten sie bereits erledigt, so dass der Rückweg fast schon Urlaub war, und also kein Gang, sondern ein Spaziergang, "vielleicht hat sie ein Inuit so aus Langeweile und gegen die Kälte den Eisbergen entgegengehalten?" –

"Mag sein", vermutete Oma, "mag sein, denn von dort aus könnte man vielleicht tatsächlich bei klarem Wetter bis Russland schauen?" –

"Dagegen spricht", schlaumeierte Martina, die größere Schwester von Marie-Aimé, "dagegen spricht, dass der Sprecher oder die Sprecherin aus dem Dunklen und Unklaren, vielleicht Regnerischen heraus, Mut machen möchte, denn es ist ja nicht von 'hell', sondern von 'heller' die Rede..." –

"Mais qui", erwiderte Oma jetzt, denn in Paris spricht man selbstverständlich Französisch, "le soleil déjà brille clair sur Moskau." -

"Die Sonne im Nacken und den Wind im Blick, der dir lavendellila aus der Provence die Kräuter bringt", sang Marie-Aimé plötzlich übermütig in der fremden Sprache, der, die Martina Heimatsprache geworden war, denn die größere Schwester war nur zu Besuch hier, lebte eigentlich in Frankfurt, bei der Mama und ihrem neuen Mann und den neuen drei Brüdern, die Josef, Jakob und Nathanel hießen, glaubte Marie Aimé jedenfalls. –

"Super", sagte Martina, "du bist eine kleine Dichterin, aus dir wird noch einmal was." -

"Qu'est-ce qu'elle a dite?", fragte Oma nach, und Marie Aimé übersetzte ihr rasch den frei erfundenen Satz ins Französische, wo er anderes bedeutete, ein wenig, auch anders klang, allerdings mindestens gleich schön blieb.

Oma, also grand-mère, war inzwischen schon einmal rasch in die Wohnung unterm Dach hochgestiegen, unweit des Sacre Coeur, wo sie schon seit mehr als vierzig Jahren lebte, und die Stufen des Treppenhauses sie ganz offensichtlich jung gehalten hatten, hatte die Einkäufe auf dem Küchentisch abgelegt, das Verderbliche rasch in den Kühlschrank geräumt, war wieder auf die Straße zurück gekehrt, dorthin, wo sie Marie-Aimé und Martina zurückgelassen hatte und wo sie tatsächlich immer noch standen, hatte auf Französisch gesagt, dass sie nun nicht mehr nur Spaziergängerinnen von Paris seien, sondern auch sogar darüberhinaus Urlauberinnen in Paris, obwohl sie, Oma eben, grand-mère eben, ja hier tatsächlich auch zu Hause sei. Oma konnte kein Wort Deutsch, nur Französisch und Martina konnte nur ein paar Brocken Schulfranzösisch, nur Marie Aimée, die Jüngste, Klügste und Schönste, wie ihre ältere Schwester Martina oft sagte, konnte ziemlich gut Deutsch und natürlich exzellent französisch sprechen, und übersetzte deshalb unentwegt hin und her, so schnell, dass der Eindruck entstand, es wäre schon übersetzt worden, bevor das zu Übersetzende in die Ausgangssprache gefunden hätte, meinte Oma einmal, auf Französisch, klar.

Martina lächelte etwa Oma an, und sagte dabei laut: "Vielen Dank für Ihre Gastfreundschaft, wir kennen uns ja nicht wirklich, auch, wenn wir Verwandte sind". –

Und Marie Aimée übersetzte es zeitgleich ins Französische und ein paar Sekunden drauf Omas Erwiderung, sie solle der nahezu Bosch sagen, sie könne sie duzen und grand-mère nennen, ins Deutsche. Das hin und her war anstrengend, doch klappte insgesamt ganz gut.

Plötzlich lächelte Martina abermals ihre Oma an und sagte: "merci beaucoup", und dann deutsch weiter: "ich hatte gedacht, Oma, mitten in Paris, dort, wo die Sehenswürdigkeiten einander nur so zuwinkten, und den einzelnen Touristen gleich die Klinke in die Hand legten, müsse es eben gerade im Sommer viel, viel voller sein." –

Marie-Aimée übersetzte auch das, erklärte dabei ihrer grand-mère zum wiederholten Male, merci, c'est a dire en allemand 'danke' et merci beaucoup, c'est a dire en allemand 'vielen Dank', und sagte dann Martina noch schnell, was Oma darauf französisch geantwortet habe, auf Deutsch:

"Oma sagt, dein Eindruck täusche, dir käme Paris nur deshalb so leer und verträumt vor, weil August sei, und im August sind alle Pariser entweder in der Provence oder aber in der Bretagne, Urlaub machen. Die Menschen, die du jetzt hier siehst, seien wahrscheinlich, wie du selbst auch, aus Deutschland oder aus der Schweiz oder sogar aus Amerika." –

Martina hatte längst schon bemerkt, wie schwer es ihrer Oma immer noch fiel, sie als Enkelkind zu akzeptieren, und dann auch noch zu tolerieren, dass ihre Mama, die auch die leibliche Mama von Marie Aimée ist, ihrem Jean Claude so das Herz gebrochen habe, dass dieser nun, vor lauter Pastis trinken, das Malen ganz und gar verlernt habe und vergaß, und so seiner Mama immer noch auf der Tasche lag, weil er kaum das Geld für das kleine Zimmerchen, in einem Vorort von Paris, aufbringen konnte.

Martina tat das alles furchtbar leid, und sie hätte es gerne geändert, und ihrer Oma erklärt, dass nicht ihre Mama ihrem Papa, sondern umgekehrt, ihr Papa ihrer Mama das Herz gebrochen habe, aber ihr Französisch reichte dazu wohl nicht hin und auf Deutsch wollte sie es ihrer grandmère nun gerade eben nicht zumuten. Diese Aussprache fände also vielleicht noch in fernerer Zukunft ihre Zeit und ihre Sprache, on verra!

"Ce sont les moutons bleus", sang sie Oma dann aus einer Laune heraus an, und brachte sie damit tatsächlich zum Lachen, und zum Erwidern:

"Tous les hommes sont seulement solitaires et fou d'amour, n'est-ce-pas?" –

"Mais qui, c'est vrai", antwortete Martina, und daraufhin sagte Oma noch etwas auf Französisch, was sie nicht mehr verstand, nicht einmal mehr ansatzweise, so schnell und so eigen war es, aber auch so schön.

"Was sagt sie?", fragte Martina Mari-Aimée. -

"Das war Argot, weißt du", antwortete Marie-Aimée auf Deutsch, "deshalb hast du noch weniger verstanden, als sonst". –

"Ah, c'est ça!", alberte Martina ausgelassen. "Und was sagte Oma nun?" –

"Sie sagte, wenn der August um wäre, und die Schule in ganz Frankreich wieder anfange, dann würde sie dir die Provence zeigen und die Bretagne, die schönen Leuchttürme dort, in denen man manchmal kleine Galerien oder Kaffees finden könne, und die verwunschenen Stellen am Meer, die nur Franzosen kennten". -

"Heißt das vielleicht, dass ich bleiben kann?", fragte Martina. –

"Ja, willst du denn?", meinte Marie Aimée. –

"Nun, ich würde hier in Paris gerne einen Sprachkurs belegen, und dann an die Sorbonne, falls ich das finanziert kriegte, Romanistik und Philosophie, das wär schon was", sagte Martina. –

Und Oma nickte sanft und mehrmals, schon bevor Marie-Aimée ihr alles ins Französische übertragen konnte, ganz so, als verstünde sie viel mehr Deutsch, als ihre Enkelkinder ahnen konnten.

Achten drehen

Sie begann zu kreisen. Erst rund, und nach und nach in der Form liegender Achten, die ihren Füßen, welche ihrem Körper und der ganzen Seele daraufhin das Erfahrene weiterfunkten, Unendlichkeiten lehrten.

Die Judomatten, die sie seit mehr als fünfzig Jahren nicht mehr unter ihren Füßen gespürt hatte, wurden sofort wieder vertraut. Die unter ihnen verborgenen ausrangierten Autoreifen sorgten für ein durch keinen Turnschuh auch nur ansatzweise so überzeugend imitierbares Waldbodenlaufgefühl und die ausdünstenden Gummimoleküle für den Wiedererkennungseffekt von Heimat.

Hier hatte sie ihre Kindheit und Jugend verbracht, hier war sie zum siebenten Dan gereift, hier hatte sie ihre Kata-Meisterschaften diszipliniert und kontinuierlich vorbereitet, und jedes Training, je näher die Turnier-Termine rückten, nur umso vehementer, mit drei Saunagängen abgeschlossen, um Gewicht zu machen. Denn Gewicht musste man als Judoka immer machen, selbst dann, wenn dies die komplizierten Wettkampfregeln für eine Kata-Meisterschaft gar nicht vorsahen, denn Kata war nicht Kampf, sondern physikalisches Ballett aller Bedingungen fairen Wettkampfes, denn Kata war japanisch und bedeutete übersetzt ins Deutsche so viel wie Form, und Form ist immer gewichtlos, selbst, wenn Sumo-Ringer ihren Sport gelegentlich in, sich mit dem Setzen allmählich auch wieder auflösenden, weil metamorphorisierenden Formen reflektieren mochten, was sie selbstverständlich niemals so konsequent verstehen und leisten konnten wie Judokas.

Hier hatte sie den Blick auf die Rückseite des Montmartre genossen, war mit Blicken die Treppen hinuntergehüpft und hatte sich in Gedanken schon eine Flûte und ein paar eingelegte Oliven besorgt, während sie tatsächlich noch beim Aufwärmtraining war, gemeinsam mit zehn oder elf weiteren Dan-Trägerinnen, unter der Leitung des Maître, des professeur du judo, der seinen Sport "pour tous", für alle, als sanften Weg und nicht als Zwang zu Wettkampfteilnahmen, vermittelte und lebte.

Hier hatte sie in den mentalen Pausen, die sie an der Sorbonne verbrachte, die Großen gehört, beinahe alle, die de Beauvoir, den Sartre, später auch den Foucault, den Derrida, vor allem auch den Serres, der seine Theorie vom Parasitären und vom Rauschen fast anschaulicher später Chez Dédé als in den akademischen Räumen selbst entwickelte, die Kristeva und die Butler hatte sie leider nie hören können, doch was noch nicht ist, das kann ja noch.... –

Hier hatte sie gelernt und gelehrt, hier hatte sie verloren und gewonnen, hier war sie geworden und gewesen, bis der Beruf sie dann nicht nur aus Paris, sondern aus ganz Frankreich fortgeschwemmt hatte, in die ehemaligen Kolonien, wie es der Maître umschrieb, diese arabischen und afrikanischen Kulturwüsten, wobei er lachte und scherzte, denn er war ein Weltenbürger und liebte die Vielfalt und die Fülle des fremd Eigenen und des eigenen Fremden.

Und hierhin hatte sie sich dann, jetzt, zweitausend und sieben und zehn, aus einer Laune heraus und als Touristin zurückbegeben.

Jetzt setzte sie den linken Fuß vor, zog den rechten nach und lief ruhig, gleichmäßig und ohne Zögern und Zaudern, von den Ballen zu den Zehen abrollend, Runde um Runde mit Erinnerungen an gestern und vorgestern ihrem Leben voraus. Viel mochte davon nicht mehr übriggeblieben sein, stellte man es sich vor als eine dieser unterschiedlich eingefärbten, zirka vier Zentimeter breiten Stoffrollen aus reiner, mehrfach gestraffter Baumwolle, von der, nach den einzelnen Gürtelprüfungen, die Schülergrade abgeschnitten wurden. Man konnte es sich ihrer Meinung nach auch als mehrfach eingerolltes Stoffdesaster aus gelben, orangenen, grünen, blauen und braunen Stoffrollen vorstellen. Dazu stellte man sich dann noch einen Maître vor, der Jahr um Jahr, pro bestandener Lebensprüfung, oder eher Tag für Tag oder noch eher Minute für Minute, wahrscheinlich aber am ehesten Sekunde für Sekunde geglückten Lebens ein Stück von den Rollen schnitt, das lang genug sein musste, um doppelt um ihre, mit den Jahren noch merklich auseinandergelaufene Taille geschlagen zu werden, so dass der Judogi endlich mit dem typischen Knoten in Form gebracht werden konnte: Viel dürfte da wirklich nicht mehr übrig geblieben sein an Lebensfaden oder Lebensfädenmurks.

Aber vielleicht war das ja auch ein vollkommen falsches Bild, sie sollte sich nicht und sie hatte sich auch nahezu nie Wege abschneiden lassen, um mit und unter den Farben fremder oder vertrauter ‚Professeurs du …‘, was auch immer, sich selbst aufzubrauchen oder wegzuwerfen.

Eine der Achten, die sie jetzt schon etwa seit zehn Minuten mit den Füßen schlug, verließ sie nun kurz, achtete dabei nicht auf diese strenge Dojo-Regel, außerhalb der Matten stets diese typischen Sandalen zu tragen, sondern kreuzte Barfuß den Steinboden, hin zu den übergroßen, etwa drei Meter hohen und vier Meter breiten Fenstern und öffnete alle drei, um daraufhin zurück auf die Matten zu laufen, und weiter den liegenden Achten Saures zu geben. Was sollte es? Sie war allein und hatte die Erlaubnis dieses Studio etwa sieben Stunden lang nutzen zu dürfen, von den neuen Besitzern, denn von damals waren noch die Räume, nicht aber die Menschen übriggeblieben, um den Preis von zweihundert und fünfzig Euro erkauft.

Sie war ein wenig aus dem Rhythmus gekommen, durch das cross over weg und das cross over back zur Matte, und drehte nun zunächst Kreise, bis diese langsam wieder zu Achten wurden, ihren von den Ballen zu den Zehen abrundenden Füßen Unendlichkeiten lehrten, welche diese qua zerebralem Funk dem Rest der ganzen Frau physisch und psychisch übermittelten.

War sie eigentlich auch seelisch semipermeabel, vorausgesetzt, sie habe so etwas wie eine Seele, die seit Jahrtausenden in Texten immer wieder neu und immer wieder anders beschrieben wird, und zwar stets in vollkommener Abwesenheit ihrer selbst, denn sie zeigt sich recht eigentlich ja nicht, weder im Hauch noch unter dem Kernspin. Ihr Atem ging gleichmäßig, in den Bauch atmete sie ein, wölbte ihn dabei vollkommen aus und mit dem, nun aber eingezogenen Bauch, atmete sie aus, während sie darüber nachdachte, und zugleich Anderes, Fremderes und Weiteres sinnierte.

Jetzt schwang sich ihr Körper seitwärts mit Blick ins Freie und Blaue, und ihre Füße verloren in mutigen Seitwärtssprüngen immer wieder aufs Neue für Sekundenbruchteile die Bodenhaftung. Wenn die Haut und sogar das Cerebellum, trotz Giftschranke, Export und Import von manchen Stoffen aus physiologischer Notwendigkeit heraus, lebenslang eintreten ließen in den Körper, während sie andere Stoffe oder andere Aggregatzustände respektive Mengen eigentlich gewohnter Stoffe nicht ohne Folgen oder eben kategorisch überhaupt nicht ein und -ausdringen ließen, müsste dann die Psyche nicht ähnlich verbunden sein und bleiben, mit der Umwelt wie der Körper?

Wie alles dort draußen vorbeiging, während sie hier drinnen im Seitwärtsspringen mal dem Geschehen ihre Blicke, dann ihren Rücken zuwendete, rechts seitwärts, links zieht nach und einmal mehr rechts seitwärts und links zieht nach und noch einmal rechts seitwärts und links zieht nach, so dass in ihrem wachen Augenlächeln sich Bruchteile des sich nie gleichen, immer nur ähnlichen Treibens spiegelten, rasch getaktete Autokarawanen, langsamer radelnde Fahrradfahrer und zwischen beiden Fußgänger, die in vielen Sprachen ihr Lebendig- Sein sich austoben ließen, vielleicht war unter ihnen ja auch jener, nein, Mist, während sie sich drehte, und dem Draußen die Schultern zeigte, fiel ihr ein, dass das, was sie sich als Spiegelbilder vorgaukelte, physikalisch unmöglich die Straßenszenen der sich mit ihrem Hüpfen hüpfend seitwärts fortbewegenden Parallelgegenwartswelten sein konnte, zu weit oben trainierte sie dafür. Hier hätte sie allerhöchstens Ionescos fliegenden Fußgänger sehen können, sie war also wieder selbstversunken in sich selbst zurückgefallen, statt zukunftsgerichtet das Draußen von gleich zu partizipieren.

Das holte sie nun nach, so rückwärtsgewandt, so mit Blicken an Mattenoutfits und Wandschmuck des Dojos gebunden, dachte sie, links hüpft seitwärts, rechts hüpft nach, links hüpft seitwärts, rechts hüpft nach und noch einmal links hüpft seitwärts, rechts hüpft nach, bis sie das Dojo einmal ganz durchmessen hatte, abermals kehrtwendete, nun abermals linksfüßig vorhüpfte und rechtsfüßig nachzog, einmal mehr linksfüßig vorhüpfte und rechtsfüßig nachzog und noch einmal linksfüßig vorhüpfte und rechtsfüßig nachzog, nun aber, mit Blicken, die Außenwelt dabei einatmete. Sie war blau und fast wolkenlos, und ein paar Stufen der Rückseite des Mont-Matre konnte sie mehr erahnen, als sehen.

Jetzt hatte sie sich warm gelaufen, blieb irgendwo dezentral stehen, krallte die Zehen ein wenig in die Matte, bevor sie losließ, beide Arme nach vorne ausstreckte, und das rechte Bein Richtung linken Arm, und das linke Bein Richtung rechten Arm kreuzte, ganz so, jedenfalls beinahe ganz so, wie sie selbst sich heute ganz und gar in einem längst vergangenen Punkt kreuzte, hier auf der Matte, heute allein beim Training, damals gemeinsam mit vielen Freundinnen und Freunden, von denen, wenn sie richtig informiert war, außer ihr heute niemand mehr lebte. Sie, im dreiundachtzigsten Jahr, fit wie ein eingerosteter Turnschuh eben, auf den Punkt genau konzentriert und glücklich darüber, ihrem Hirngespinst nachgegeben zu haben, und zu den Wahlen nicht nur in ihr Geburtsland, sondern auch in ihre Geburtsstadt zurückgekehrt zu sein.

Der Plan, der aus einer Bierlaune hätte geboren worden sein können, denn Zeit ihres Lebens hatte sie als waschechte Französin immer lieber tschechisches Bier als Wein aus der Normandie getrunken, gefiel ihr und war doch tatsächlich aus Wassernot geboren worden.

Die Fremde hatte aufgehört freundlich zu ihr zu sein, ihr Geld war fast aufgebraucht, die Altersversorgung unbekannt, dort, wo sie gestrandet war, und dann hatte sie hin und her überlegt und her und hin, war dabei immer sicherer geworden, und hatte den Plan ausgebrütet, die Wahlen in Paris live zu erleben, für den Fall, Marie le Pen siegte, hätte sie noch das Geld für den Flug zurück gehabt, und für den Fall Emmanuel Macron würde siegen, wollte sie auch sich als Europäerin eine neue Chance geben, ganz so, wie es das Land insgesamt tat, dem sie entstammte, und neue Zukunftspläne beim Lauf über die neuen Matten eines alten Dojos schmieden, indem ihre Füße ihrem Körper anfangs die Dynamik liegender Achten lehrten, in die sich all ihr Sein drehte, bevor sie erneut hochschnellte und andere Formen erlief und erdachte, so lange, bis sie aus sich heraus mutig zum Sprung des freien Falles in ein neues Leben ansetzen mochte, ohne Seil und Netz und doppelten Boden.

Laufen vom Sommer aus

Dort hinten stand der Leuchtturm, in dem ihr Hotel untergebracht war, und dort vorne schwappte in aller Seelenruhe der Atlantik, fast lautlos, vor sich hin, und sie war gerade dabei, sich gleichsam im slow move, von dort hinten nach dort vorne hin zu bewegen.

Die Sonne schien und die Steilküste wirkte mit ihren silberblauen Farbschattierungen ganz so, als schwitzte sie unter der Last der ersten Kletterer schon jetzt, also vor den großen Sommerferien, und also vor deren Ankunft.
Leicht hob sie vom Boden ab, und leicht fasste sie wieder Fuß, hob ab und fasste, und hob erneut ab und fasste wieder. Tatsächlich schien das Rätsel schönen Lebens, wie das Rätsel schöner Künste, ihr Rhythmus zu sein. Und der Rhythmus, den sie hier gefunden hatte, war zwar nicht der ihre aus der Heimatregion, sondern nur der ihr urlaubshalber geborgte, doch er sorgte für moderate Laune und Ausgeglichenheit, ganz so, wie es ein Königspinguin in Abwechslung zu seiner Königspinguinin bei der Sorge für ihren Nachwuchs taten.

Natürlich, die Orangenhaut an ihren Oberschenkeln, die jetzt sichtbar war, da sie Shorts trug, um den Wind um ihre Beine spielen zu lassen, wie ein Kind, die Orangenhaut war kein schöner Anblick, einerseits. Andererseits freilich ersparte sie ja auch in der Vorvorsaison allen Betrachtern diesen Anblick, denn jetzt war sie hier allein, und wünschte nichts mehr und nichts weniger als das: Schenkelmuskelkraft zu sein.

Wie ungeheuer war es doch, dass das zerebrale Monstrum, das sie auch war, nie das Denken einstellte, und da war es umso wichtiger, als Contra- Punkt nie enden wollende Läufe zu setzen.

Der Himmel über ihr war möwenlos, ja, insgesamt war er seltsam flügellos, und es schien ihr, als flögen stattdessen schon einmal die Erdendinge sich selbst als gute Botschaft voraus, während die Wolken oben über all dem bloß und schlicht, ganz so, als bewegten sie sich nicht, schwebten.

Ihr Lauf aber war ein wenig kurzatmig geworden in den Jahren und Jahrzehnten, die hinter ihr lagen, und dagegen war, genau betrachtet, auch jede atlantische Brise im eigentlichen Sinne machtlos. Und so lief sie, und dachte sie, und lief sie, und dachte, und kam dabei gelegentlich ins Stocken, wie ein zu heiß gelaufener Dieselmotor einer viel zu alten, fast schon ausrangierten Maschine.

Könnte sie sich etwas wünschen, musste sie plötzlich denken, wünschte sie sich kurioserweise wahrscheinlich exakt das gelebte und noch ein wenig zu lebende Leben genau so zu leben zurück, wusste sie doch nur allzu gut um die Vergeblichkeit kleiner Korrekturen, auch der Lackaufbesserungen hier und dort: lief das Große und Ganze im Großen und Ganzen nicht, dann nutzten die auch nichts mehr, und lief das Große und Ganze im Großen und Ganzen gut, rund, sauber und locker ab, trotz Zäsuren, Läsionen und Klickern und Klackern im Getriebe, dann warst du doch längst über derartige Makulaturen hinweg, hattest sie hinter dir gelassen, warst drüber hinausgewachsen, hattest Luft, trotz Kurzatmigkeit, zum Selbersosein.

Der linke Fuß setzte sich vor, zog den rechten nach, sorgte für angespannte Muskeln und dachte noch einmal über alle möglichen Laufbewegungen vom Sommer aus nach, währenddessen es tatsächlich weder blitzte noch donnerte, und sich auch kein Wölkchen vor die Sonne schob. Über ihr links die Klippen, vor ihr überall dieser typische, recht kiesig-steinige Sandstrand, gegen den von rechts Atlantik brandete, und gelegentlich eine dieser Feuerquallen anschwemmte, die sie hierzulande auch Medusa nannten, und in ihr ein Vorsatz, der nicht hierher gehört, und auch an anderer Stelle nicht erzählt werden wird.

Den Rücken dem Fortschritt gezeigt, vielleicht besitzen wir alle ja doch die Zeitmaschine, die gelegentlich der eine oder die andere Storytellerin, wenigstens innerhalb von Erzählungen in Buch, Film oder Computerspiel zu erfinden aufgelegt waren, dachte sie, während sie in ausgelassener Laune die sich vor ihr ausbreitende Pfütze zu überspringen suchte, und natürlich nur umso tiefer in sie mit den Füßen hineinplatschte, je versessener sie darum bemüht war, sie zu überwinden. Allerdings sind Pfützen am Atlantik eine Seltenheit, die es deshalb durchaus auch, wenn nicht mit allen Sinnen, so doch immerhin mit allen Sprüngen zu entdecken gelte.

Der Gedanke einer ganz persönlichen, tief im Herzen verankerten Zeitmaschine, mit Vernunft und Empathie begabt, die jeder Mensch habe, der war es sicherlich wert, weitergedacht zu werden, wenngleich die Aktion, der er sich verdankte, siebenundzwanzig Mal erfolglos neu angesetzt und neu verfehlt, nämlich das Pfützen- Überspringen, auf der Stelle vergessen gehörte.

Den Rücken dem Fahrtwind der Anderen, die, im Gegensatz zu ihr, alle Radfahrer waren, entgegengesetzt und sein Ziel im Rückwärtsgang anpeilen, das war ihr kindlich-kindischer Plan.

Wie anders sie doch ging, so, von den Zehenspitzen über die Ballen und nicht von den Ballen über die Zehenspitzen. Merkwürdig blieb ihr Gang allerdings allemal, und der Effekt dazu, dass die Landschaft, die sie im Blick hatte, sich immer mehr entfernte, statt näher zu kommen, der war ebenfalls enorm verstörend und enorm erregend zugleich.

Hinter ihr rückte vermutlich gleich der Luganer See immer näher, fern des Atlantiks und näher am Berner Biedermeier, als die Touristen denken mochten, während vor ihr das klassizistische Gebäude mit dem mondänen Modegeschäft darin, immer weiter Richtung Vergangenheit, will heißen bergauf wanderte, wobei ihr schon klar war, dass ganz eigentlich sich nicht die Landschaft und die mit ihr verbundene Architektur, sondern sie selbst sich bewegte, aber man weiß ja nie, ob letztendlich vielleicht doch zugleich, auf einer tieferen Ebene, all die Umwelten wanderten, ihr aus dem Wege gingen, und nicht nur umgekehrt, immerhin verhält sich die vermeintlich so starre und unbewegliche Welt ja auch nicht wirklich still, die Erde dreht und dreht und dreht sich, und wir auf ihr drauf, merken das, sofern unser Schneckenorgan im Ohr in Takt ist, kein kleines Bisschen, wenn wir etwa auf der Couch, auf dem Bett oder auf dem Schurwollteppich liegen und fernreisen.

Wie seltsam ihr Gang durch ihr Leben, jedenfalls von der Außenperspektive aus betrachtet, anmutete, dass konnte sie wohl indirekt aus den vielen Kommentaren schließen, die Freunde und Bekannte ihr zwischendrin gelegentlich mitteilten, in den fünfunddreißig Jahren, die sie nun immerhin dann doch schon auf diesem Planeten cruiste. Ob dabei das Rückwärtsgehen, um voraus zu kommen, noch ungelenker erschien, als ihr vorwärts stolpernder Gang, mit dem linken Bein, das zweieinhalb Zentimeter länger war, als das rechte, das konnte sie natürlich nicht wissen, auch nicht aus den Blicken der anderen schließen, denn die waren alle mehr auf die Sehenswürdigkeiten, denn auf die Mitradelnden und Mitlaufenden gerichtet. Luganer hatten offensichtlich keinerlei Schwierigkeiten mit Abweichungen, jedenfalls nicht so große, dass diese an Mimik, Blick und Gestik für sie ablesbar geworden wären.

Wie leicht Rückwärtsgehen bergauf sein kann, das probierte sie gerade erstmalig selbst aus, mit derartigen Steigungen gestaltete sich das alles andere als leicht.

Wieso, um alles in der Welt, sie jetzt gerade ausgerechnet mit Blick auf eine, die Straße überquerende Echse, im Sonnenlicht und an nahezu italienischer Atmosphäre, an die Mauersegler daheim denken musste, wusste sie nicht. Am besten war es wohl, die beiden gegeneinander ablaufenden Filme, deren Avatarin sie war, einer draußen und einer drinnen, einfach gewähren zu lassen, und sie vor allen Dingen auf gar keinen Fall gleichzuschalten zu suchen.

Während sie schließlich, unten angekommen, eine kleine Drehung Richtung See in Hochsommerstimmung wagte, hörte sie ihr linkes Knie in gewohnter Weise knacken, während ihr rechtes Knie eher scharnierte. Der Preis eines Cyborg.

Flow Alp

Das war der Traum. Ein Bruchteil einer Makrosekunde. Kein Vorspann, kein Abspann, kein Schnitt und keine Kameraeinstellungsänderung oder gar Fahrt.

Eine Bewegung hinab vom Behandlungstisch, wie man ihn von Physiotherapeuten oder Krankengymnastinnen her kannte, der also eher eine Liege, denn ein Tisch oder gar eine Couch war. In der Totale fiel hinab, auf den Bauch, und eben nicht auf den Rücken, wie einst Gregor Samsa, ein riesenartiger, tonnenschwerer Mann. Ein Sumoringer vielleicht? Ein verirrter Cousin Hagrids? Eine Erscheinung der dritten Art, die aber nur hinabfiel, nichts weiter, aus erträglicher Höhe, auf kaum zu harten Grund, ohne Gefühle oder Irritationen im Träumenden zu provozieren, bloß ein Erwachen?

Jetzt saß sie auf ihrem hochgelegten Foutonbett, schaltete mit dem selbstgebastelten Fernbediener die Kaffeemaschine ein, die sich in einem anderen Raum befand, genoss wenig später dieses heimelige Gurgelgeräusch, zu dem sie gewöhnlich passender Weise sich die Zähne putzte, dachte heute aber, fern dieses Rituals, einfach nur nach.

Woher wollte die Welt eigentlich wissen, dass Träume wirklich immer zu dem zählen, der sie geträumt hatte, nur aus ihm heraus und nur für ihn sprachen, ganz und gar eine autistische Botschaft aus hermetisch selbstgefälligem hirnphysiologischen Kontinuum sozusagen?

Konnte das nicht vielmehr gleich semipermeabel funktionieren, wie der Rest des humanen Zellenaustausches auch, in den, etwa zwecks Weiterverarbeitung, H2O geleitet werden musste? Aus der Welt in die Welt? Wieso also sollte nicht etwa eine Farbimpression oder ein falscher Klang oder eine geschwätzige Silbe aus dem physiologischen Haushalt irgendeines anderen Menschen, aber auch eines Tieres oder einer leise tönend und schwingend träumenden Pflanze ihren Traumkreislauf bereichern können?

Das könnte ja in etwa wie folgt abgehen, indem dieses Traumsegment eindrang, ein Parasitär, ohne den zu leben es gar nicht ginge, der zwackte und zwickte und karnevalistisch mit den ihr eigenen Trauminhalten Cha-Cha oder Tango oder Walzer oder Freestyle tanzte, je nach Stimmung und Aufgelegt-Sein, so dass nach und nach alle Bedingungen dieses Reigens suspekt würden, die vermeintlich anderen, als eigen definierten Traumsegmente gleich fremd sein mochten?

Und wenn diese Bedingungen ihres Gedankenexperimentes Geltung beanspruchen konnten für die Bedingungen des Träumens und der Träumerin, diese wechselseitige Lebendigkeit, die die Wirkkraft des ausgeschlossenen Drittens belegte, wenn also etwas aus der Umwelt in ihre Innenwelt eingeschleust worden war, wie das trojanische Pferd vor Jahrtausenden, von woher und von wann stammte es dann, und mit welcher Bedeutung für wen hatte sie also zumindest teilweise geträumt?

Es war allerhöchste Zeit geworden aus der Hockstarre an Futonbett herauszukommen, und den Weg in den Tag anzubahnen, zunächst barfuß, wobei ihre Zehen gelegentlich sanft sich in Laminat und Schafswollteppich abwechselnd krallten, sofern Menschen sanft krallen konnten, und die Nasenflügel zugleich Kaffeearomaalarm funkten.

Hätte jemand dieses filmen wollen, dann wären etliche Cuts und zahlreiche Änderungen der Kameraführung und der Kameraeinstellung nötig gewesen, und vermutlich wäre die bedrängte Enge dieser Wohnung einem derartigen Projekt kein bisschen gewachsen, selbst dann nicht, hätte man zuvor die sperrigsten Gegenstände aus ihr entfernt, wodurch allerdings selbstverständlich zugleich jedes Filmprojekt, das Lebensräume authentisch ästhetisieren wollte, von Vornherein zum Scheitern verurteilt worden wäre, doppelt unmöglich also, was dem zerebral angetriebenen, integrierten Filmstudio, das sie unter abertausend anderen Dingen auch war, vierundzwanzigstündig, immer wieder neu, in mindestens zwei verschiedenen Modi, Beobachten und Empfinden könnte man diese nennen, problemlos gelang. Lebenslang. Außerdem hätte sie, bei all dem cineastischen Circus, wahrscheinlich den Kaffeeautomaten erst erreicht, nach dem alles verkohlt und untrinkbar, schwarzbraun im Glas vor sich hin gewabert wäre.

Warum diese Statik im Traum? Warum hatte ihr halbbewusstes Ich, wie es ja üblich sein soll in der Traumarbeit, nicht noch etwas Firlefanz vorneweg und hintenan hinzugeflickt, von dem sie dann, wach werdend, geschworen hätte, dass alles Nachtarbeit, und nichts davon halb gewusste Tagarbeit gewesen wäre? Oder hatte diese Traumgeschichtenflickerei de facto stattgefunden, nur eben so ungewöhnlich, dass alles wie in einen Traumblock eingemeißelt, innerhalb des Bruchteils einer Mikrosekunde erschien?

Durch das schräg geöffnete Küchenfenster hindurch konnte sie das Meer hören und Gesprächsfetzen der Touristen darin schwimmen sehen, deren amerikanisch vor allem texanisch klang. Der Kaffee tat gut, und während ihre Hände die Tasse umfassten, mit den goldenen arabischen Schriftzeichen auf nachtblauem Grund, die sie nicht entziffern, aber schön finden konnte, und ihre Füße, mittels weiterhin zart abwechselnd in Laminat oder Schafswollteppich klammernden Bewegungen, zurück zum hochgelegten Fouton-Bett fanden, so dass sie sich endlich, dabei Schluck für Schluck Kaffee genießend, wieder hinhocken konnte, überlegte sie erneut, von wem und aus welcher Epoche oder Zeit dann dieses merkwürdig erratische Traumgebäude mit nur einer Bewegung, einem Sturz, stammen mochte?

War es vielleicht ein Geschenk von einem Träumer aus dem vorletzten Jahrtausend, der am Hof des japanischen

Kaisers den Kirschblüten zu ihrer Zeit beim Fallen zuschaute, und der ein berühmter Mann war?

Oder stammte es von einem Kind aus der Nachbarschaft, welches sich gelegentlich aus Amerika wegzuträumen sehnte, in die Heimat seiner Vorfahren etwa, und dabei eine Szene für zu schwer befand, diese also ausmistete, aus der eigenen Traumökonomie, und, wenn schon nicht zum Teufel, dann immerhin zu ihr abschob?

Das wäre dann, so oder so, ein fremder Traum gewesen, ein Bruchteil einer Makrosekunde lang, ohne Vorspann, ohne Abspann, ohne Spot und ohne Kameraschwenk, nur eine Geste, ein riesenhafter Mann, der fällt, von nicht ganz so hoch runter, kein Detail erkennbar, kein Gesichtszug, an den sie sich hätte erinnern können, kein Gefühl auch, kein Empfinden, nur ein Wachwerden? Dieser Traum, so fand sie, wäre es, abermals so oder so, wert, weiter geträumt und weiter gesendet zu werden und wer, wenn nicht sie, die einzige reformierte Zen-Meisterin weltweit, die Zen-Trödel-Meisterin eben, wäre einer solchen Aufgabe gewachsen, wem, wenn nicht ihr, wäre sie zumutbar?

Sie schloss die Augen und hob derart, ohne Armeinsatz, ohne Netz und doppelten Boden auch, den ungeheuer kräftigen Mann, den Fleischberg, nur mit Imaginationskraft an und hoch und höher, bis über die Wolken, vielleicht sogar, durch eine unsichtbare Grenze hindurch, von sky to heaven, drehte ihn dabei auch um, so dass er nicht verfolgen konnte, wohin nun des Kosmos Traumarbeit ihn aussendete, glücklich, mutig und steigend zu sein, öffnete dann die Augen und blendete sich derart vorläufig aus, aus dem gigantischen Flow-Alp träumender Welt, wechselte die Seite und ward wieder Teil einer Weltbeobachtung.

Aussitzen

Sie sitzt es aus, das Leben, den Mob, den Fön und selbst das Zaudern. Darin, so hielt sie sich gelegentlich zum Trost oder auch zum Antrieb vor, darin konnte sie als Ariadne ihren eigenen inkludierten, sozusagen aufgefrühstückten Faden erkennen.

Schon damals, vor mehr als siebeneinhalbtausend Jahren, als sie kaum noch begonnen hatte, Kind und nicht mehr Säugling zu sein, riefen die anderen sich gegenseitig gerne zu, wobei sie auf das Kind zeigten, wie es so dasaß, an der frischen Luft Athens oder unter den Nebelschwaden am Titicacasee oder auf einer Eisscholle bei Spitzbergen: "Seht, das Kind, wie es sich aussitzt, von Kontinent zu Kontinent neu, statt voranzukommen oder vorauszusehen oder wenigstens zu singen."

Doch ihr Modus des Ausharrens, er war es vor allem, der sie in Raum und Zeit weit kommen ließ, weil er sozusagen dafür sorgte, dass sie auf ihrem Seidenteppich, der metamorphosierte, vorankam, während sie aussaß, früher auf Erden, jetzt auf Lichtstrahlen.

Der Ariadnefaden, aufgefrühstückt und verworfen, war derart aber auch längst überflüssig geworden, alle auf Inzest bedachten Halbbrüder, die Dichter und Dichterinnen seit Jahrtausenden immer wieder gern, immer wieder neu und anders monströsen Wortszenen und Satzmeeren anvertrauten, waren längst verstorben, nur sie, sie war von all den antiken Göttern und Göttinnen und Halbgöttern und Halbgöttinnen übrig geblieben, sofern ihre Informationen zuverlässig waren, und war unverzagt gut drauf, nicht mythisch, sondern tatsächlich, so gut, dass sie immer einmal wieder zwischendrin aufstand, von ihrem Energiestuhl, und die Schwingungen gleichen Füßlein farbig tanzen und tappen ließ, gelegentlich auch im Habitus einer Primaballerina, auf Zehenspitzchen, und mit angewinkeltem, anderen Bein, mal rechts, mal links, sich langsam im Kreis drehte, um kurz darauf wieder Platz zu nehmen und weiter zu sausen: durch alle Galaxien aller Herren und Damen Welten.

So also sitzt sie es aus, das Leben, den Mob, den Fön, ja sogar das Zaudern, und gelegentlich schaut sie dabei von ihrem Lichtstrahl in das ihn umgebende Dunkel, wodurch er ja nur als hell erfahren werden kann, und denkt sich Geschichten aus, nicht mehr so sehr von Göttern und Göttinnen, die Zeiten waren vorbei, lange schon, sondern mehr von Obdachlosen und Vertriebenen, von Narren und Träumern und von Kindern, die in Erwachsenen Obhut finden, welche weiterwachsen, mit ihren Erinnerungen an die Kinder, die sie einmal waren, aber überwunden haben, um sie auf immer beherbergen zu können.

Dabei schwebt sie voran und voraus, hoch und runter, seitwärts, vorwärts, rückwärts, zack, und noch einmal rückwärts, vorwärts, seitwärts, runter und hoch, voran und voraus, und kann derart für den Augenblick des fühlenden Denkens das verkörpern, was sie erwägt, ohne sich dabei jedoch wirklich von der Stelle zu bewegen, aussitzend fliegt sie sich davon, etwas, was nur sie versteht, was nur Ariadne vermag.

Die Bremslichter der Autos leuchten sich langsam weiter im Nebel, der Weg ist kaum erkennbar, es hupt und kreischt und bremst und kommt stehenden Rades nur zaghaft voran, dieses erhöhte Verkehrsaufkommen auf der B 54, von dem sie, auf ihrem Lichtstrahl ebenso ein Teil sein mag, wie von jener Kamelkarawane, die zeitgleich die Wüste Gobi durchquert oder jener Familie, die, weit von ihrem arabischen zu Hause entfernt, fremden Ärzten fremder Kliniken in fremden Sprachen Berichte über den Zustand eines sehr kranken und sehr nahen Angehörigen von den Lippen lesen und dann klagen.

Die Blätter der Kastanienbaumkronen jener Alleen im jetzigen Russland, das einst Polen war, weshalb die dort wohnenden Bauern und Bäuerinnen weiterziehen mussten, neues Land zugewiesen bekamen, dort, wo angesiedelte Deutsche ihre Heimat hatten, die vertrieben wurden, recht geschah es, klar, denn was hatten Angehörige ihres Volkes nicht im Namen positiv gesetzten Rechts eines bestialischen Unrechtsstaates gemordet und abgeschlachtet und vertrieben, verhöhnt und verleugnet, sicher, ja, aber nicht diese hier, die sie von ihrem Lichtstrahl aus, fast wie ein Hologramm, bedeutet, sie waren selbst Geschundene, Vergewaltigte, Vergessene, von denen eben nur noch Windlieder durch imaginierte Kastanienalleen künden, in Sprachen, die niemand versteht oder gar spricht.

Und nicht zuletzt das kleine Kind im Kaukasus, das auf den Ararat steigt, weit, weit, weit fort von zu Hause, damit es sich Ausweinen kann, so, dass niemand es hört, und stürzt, das alles ist, recht betrachtet, immer nur sie, Ariadne auf dem Lichtstrahl, Zeit und ihre Schicksale aussitzend.

Manchmal aber erhebt sie sich doch, trägt die Geschundenen ein wenig, schenkt ihnen Glück und Zuversicht und das macht sie einfach so, wie eine kleine Primaballerina, die ihre Schwingungen gleichen Füßlein tanzen lässt, indem sie leuchten, bevor sie dann wieder dem um sie herum wehendem Dunkel gleich scheinen, weil sie alles Böse einfach nur aussitzen, den Mob, den Fön, das Leben, so lange, bis sie wieder ein wenig Mut gefasst haben, und also sich bewegen und also leuchten, und für den Bruchteil einer Makrosekunde beweisen, wie hell doch eigentlich selbst noch das Dunkelste des Dunklen ganz eigentlich ist.

Fortfahren

Er hatte so viel schon erlebt, so viel auch überlebt, da würde ihn diese schlimme Krankheit seiner geliebten Floriana-Frederiecke weder aus der Bahn noch aus dem Takt reißen, das hatte er sich und das hatte er ihr geschworen, während er auf dem Flur des Gebäudes Z der Universitätsklinik dieser mehrfachen Millionenstadt im deutschsprachigen Europa des Jahres zweitausend und siebzehn auf die endgültige Diagnose des Oberarztes wartete, die eine der hoch engagierten und durchaus schon ebenso kompetenten Assistenzärztinnen ihm vermutlich zu überbringen hätte, die sich, ebenso wie die Oberärzte und alle anderen auch, dem aus allen Nähten und Fugen platzenden OP-Plan zu beugen hatten. Und natürlich war es im Interesse aller, wenn der Oberarzt dann lieber weiter operierte, statt selbst auch noch den Angehörigen Rede und Antwort zu seiner Arbeit am Patienten stehen zu müssen, was ja bedeutete, dass dann die Assistenzärzte hätten selbständig weiteroperieren müssen, und die Oberärzte die Botschaften übermittelten, was selbstverständlich nicht aufs Gleiche rauskäme, wenn Angelernte operierten und Berufserfahrene diskutierten.

Vermutlich wartete auch sie irgendwie weiterhin, wenn auch nicht mehr in einer Weise, die sie hätte anderen Menschen mitteilen können, also auch nicht mehr im Austausch mit ihm und seinen Nachfragen oder mit den Schwestern und Pflegern, die jeden Tag neu einen guten

Morgen wünschten, und mit kleinen Gesten und Mimik-Spielen Routinen des Alltags aufzulockern suchten.

Einmal hatte er, im Anschluss an diese normal gewordenen Odysseen von Rentenamt zu Krankenkasse und von Krankenkasse zur Stadtverwaltung, alles kreuz und quer, und alles mit sechsundneunzig Jahren und öffentlichen Verkehrsmitteln, die Blume vergessen, die er einmal wöchentlich seiner Floriana-Frederiecke mitbrachte, und die überfällig war, sich erschöpft auf den Stuhl gesetzt, durch das Bettgitter hindurch ihre Hand gesucht, gehalten und war Hand in Hand noch einmal aufgestanden, hatte sich nach oben links geknickt, ihr Ohr gesucht und geflüstert:

"Lass uns fortfahren, Riekschen, irgendwohin, ja? Sobald wir wissen, was genau du hast, und welche Medikamente dir fehlen, nisch? Einfach fortfahren, Riekschen, und, Liebschen, dat Blümschen, dat bring isch dir morgen mit, versprochen, jib mir die fünf!" –

Dann hatte er seine rechte Hand mit der Handinnenfläche und auseinandergespreizten Fingern ihrer Handinnenfläche anlegen wollen, doch es klappte nicht ganz, obwohl seine linke Hand ihr helfen wollte, er musste ein gib mir die fünf ihr andenken, anders ging es nicht mehr. Nichts ging mehr wirklich und das von Tag zu Tag deutlicher.

Dann hatte er ihren Unterarm sanft gestreichelt, dabei wieder Platz genommen, und zu beobachten versucht, durch das Bettgitter hindurch, und mit nach oben schief gehaltenen Kopf, ob sich irgendetwas verändert habe, an ihrer, seit Monaten immer deutlicher regungslos eingefroren wirkenden Geste, ein Augenzwinkern vielleicht, ein Nasenrümpfen oder Lippenzwicken?

.

Nein. Nichts. Die Augen suchten einfach immer weiter, fast schon regungslos, fast schon starr, an der Decke des Zimmers 107a der Krankenstation irgendetwas, das Tor zum Himmel, einen Hoffnungsschimmer oder am Ende nur einen Ausweg oder endlich nicht einmal mehr das.
Dann hatte er resigniert weiter da gesessen. Nur so da gesessen. Bis etwa gegen neunzehn Uhr und dreißig hatte er nur so da gesessen, dann ihr einen Kuss auf die Stirn gegeben und abschließend ins Ohr geflüstert:

"Tschö, Liebschen, bis morgen, dann bring isch dir auch dat Blümschen mit, versprochen." -

Auf dem Krankenhausflur winkte er von Weitem den entgegengesetzt zu ihm hetzenden oder einfach normal auf und ab laufenden Pflegern und Ärzten zu, es war wieder was los, an diesem Abend, Neuzugänge um Neuzugänge und keiner wusste, wohin damit , dachte er so bei sich, und nahm die Treppen und ging zum Bus und drehte sich noch einmal um, das Hochhaus innerhalb des riesengroßen Krankenhauskomplexes zu fixieren, der zu großen Teilen noch aus rotem Ziegelstein bestand, so dass der Neubau, in dem sie lag, ein bisschen anmutete wie fehl am Platze, und irgendwie war er das ja auch, mit seinen vielen Palliativ-Stationen, wo nur Beten half oder nicht einmal mehr das oder irgendwie schon alles immer nur ein bisschen und das bisschen zehrte gelegentlich ganz schön am Rest der Kraft.

Noch ein wenig später am Abend, auf der Heimfahrt ins Hotel, in einem dieser Doppelstockbusse, oben, nahe den Wolken und dem Trost, da hatte er sich noch einmal sie beide entworfen, wie sie so waren, damals und wie sie sich anlächelten, zum alleralleralleralleresten Mal, und die Vornamen austauschten, wie ein Versprechen und einander dabei die Hände reichten.

"Marius!" -
"Florian-Frederiecke, angenehm." -
"Auch, hübsch komisch feiner Name, das, was?" -
"Sollte eigentlich ein Junge werden, und als Junge was Großes, ein Florian-Frederik eben, na ja und dann kam bloß ich, das Malheur." -
"Ne, ne, Liebschen, sag so was doch nisch, die Versuchung!" -
"Wie auch immer, Marius, wie auch immer. Jedenfalls, deshalb der etwas seltene Doppelname, ins Weibliche gedreht." -
"Ich sollte ein Mädchen werden, eine Maria eben, deshalb Marius." -

Es war irgendwie gleich klar, dass dies auf Längen angelegt sein sollte, auf viele, viele Kinder auch, deren Namen erst überlegt wurden, nachdem sie auf der Welt waren, auch in Zeiten der Ultraschall-Aufnahme noch, denn ihren Jüngsten hatte sein Riekschen ja noch bekommen mit weit über fünfzig Jahren, und jetzt sollte sie vor ihm gehen, und was hatten sich die Verwandten das Maul zerrissen, was er mit einer so viel jüngeren Frau wolle, ob er ihr den Greisentatterich wirklich zumuten wolle.

"Is sich nix mit Greisentatterich", sagte er, plötzlich und unvermittelt, etwas zu laut auch, vor sich hin und wurde erst wieder leise beim Denken und Träumen, nachdem er die Blicke der Mitfahrenden sondiert und interpretiert hatte. Das fehlte ihm jetzt noch gerade zum Glück, sie hier, auf der Palliativ, und er dort, in der Klapsmühle, weil es sich verböte, laut zu plappern, weil es, gerade in seinem hohen Alter symptomatisch sein könne.

Im Abwarten, also da war er gut drin, auch im furchtlosen Abwarten und Fortfahren ohne Ahnung, was da auf sie zukäme, unter welcher Begriffsflagge und mit welchem Ausgang, auch darin war er geübt und gut.

Deshalb machte es auch nichts, als tatsächlich der Oberarzt selbst kam, und so die Botschaft, die er überbringen musste, eigentlich schon verkörperte und in Bewegung setzte. Bevor er noch den Mund aufmachte, war klar, dass nichts klar war, jetzt auch die letzte Chance auf Klarheit mit dem Dr. House der Charité ebenfalls verspielt worden war, so dass er, noch bevor der Facharzt die Diagnose verkündete, die lauten würde, dass es keine Diagnose gäbe, der baldige Tod dennoch sicher sei, in einer Sprache, die Floriana-Frederiecke und er gemeinsam entwickelt hatten, einer Art Mimik-Lesen, vor dem Gespräch verstanden hatte, dass sie beide jetzt erst recht Fortfahren würden.

Sie würden Fortfahren, ganz recht bald, mit irgendeinem Alleskönner an Medikamenten in der Reisetasche, Cortison vielleicht, und einem schmerzstillenden Cocktail, in das Land ihrer Träume, das Odessa hieß, und vermutlich nichts mit dem Odessa zu tun hatte, welches wir alle auf der Landkarte finden können oder bei googlemaps angeboten kriegen, weil es ihr Eigenes war, und sie war in ihrem Leben noch niemals aus dem Rheinland weggekommen, vor dieser Fahrt nach Berlin, um Klarheit zu bekommen und Zukunft, was ja nun reichlich anders verlaufen war.

Ihr Odessa riecht ganz anders, dachte er, verläuft auch ganz anders, und heilt ganz anders als Topographien der Wirklichkeit, sollten die überhaupt noch heilen können, bei der Luftverpestung. Ihr Odessa liegt hinter den Wolken, wenn du reinkommst, gleich links, manchmal, aber manchmal auch, wenn du reinkommst, gleich rechts.

Nein, Altenheim kommt nicht in Frage, nicht für sie und nicht für ihn, dann lieber auf einer gefährlichen imaginierten Reise von ebenso gefährlichen Monstern bei lebendigem Leibe gefressen werden. Was im Alter von Achtzehn Regression sein mag, das wird im Alter von sechsundneunzig ganz bestimmt Progression sein.

Am nächsten Tag war er wieder an ihrem Bett, diesmal mit Blümschen, wie versprochen, wieder für Stunden, und, obwohl es in der Nacht so viele Neuzugänge gab, hatten sie ihr immer noch dieses Zimmer als Einzelzimmer gelassen, obwohl sie Kassenpatienten waren. So viel dazu.

Irgendwann, als die Stille zu unerträglich wurde, durch die nur das Zischen der Sauerstoffanlage und das leise Tropfen der Infusion fuhren, und, weil ihm so gar nichts einfallen wollte, außer Händchen halten, stumm, schaltete er das Radio ein, erst einen Sender mit klassischer Musik, dann einen mit hohem Redeanteil, dann wieder einen Musiksender, diesmal mehr einen für junge Leute, mit Rap und Hip Hop und so, dann wieder einen nächsten und so fort, bis er bei einem Feature über Neues aus der Medizinwissenschaft hängen blieb und nur Satzbruchstücke mitbekam weil er so laut lachen musste, denn danach sollte an der Uniklinik Bonn, ihrer Heimatstadt also, wohl ein Institut zur Erforschung seltener Krankheiten integriert werden oder schon sein, ob DFG-gefördert oder nicht, das bekam er nicht mit, nur den Hinweis, dass Ähnliches bisher im deutschsprachigen Raum einzig an der Charité existierte, und nun eben so nicht mehr. Er lachte so schallend und laut und so befreit, dass Vieles ungewiss bleiben musste, unbestimmt auch, etwa auch sein Eindruck, wonach sein Riekschen lächelte, der Mundwinkel hatte sich doch verändert, bestimmt, auch, wenn das keiner des herbeigerufenen Pflege-Personals so eindeutig bestätigen wollte:

"Ja, sehen Sie denn nicht, das Köpfchen liegt doch zweieinhalb Zentimeter mehr nach links und der linke Mundwinkel, schauen sie doch nur, er ragt doch gegen die Zimmerdecke, natürlich, bestimmt, mindestens auch eineinhalb Zentimeter mehr als gestern noch, bestimmt. Riekschen, ach mein liebes Riekschen, fahren wir halt wieder heim, und starten noch einmal von vorn." -

Abgetaucht

Sie fand den Sonnenaufgang schön, das langsam heller werdende Blau, gelegentlich durchbrochen und kaleidoskopisch strukturiert, als blitzte es.

Dagegen gehalten lag weiter unten das Meer, auf dem Schwäne ihre Kreise zogen, weshalb manche die Ostsee auch despektierlich und geographisch-geologisch unkorrekt, den Algen-Arm des Atlantiks nannten.

Der Blick durch die winterlich blätterlosen Bäume des Mischwaldes hindurch und hinab, aus dem Fenster des Hotels hinaus, in dem sie wohnte, tauchte gleichsam ab in die Ausläufe der Danziger Bucht.

Sie freute sich an dem, was sie nicht sah, während ihre Blicke auf dem Wahrgenommenen tanzten, und ihre Gedanken im Bauch mit Gefühlen im Kopf und Affekten im Herz walzten.

Selbstverständlich, es war nicht von Dauer, dieses Abtauchen-Können in fremde Orte und ferne Zeiten, die nicht ihre waren, und dennoch hatte es enorme Auswirkungen auf ihr Leben, zu dem es freilich abermals aufzutauchen galt, in zirka einem Monat, woanders.

Im Moment aber war sie Teil dieser Kurstadt in der Nähe von Danzig, mit den mächtigen klassizistischen Bauten, und Gartenarchitekturen, dem Misch und -Kiefernwald, und den fremd ungewohnten Klängen einer Sprache, deren Konsonanten derart durch Nasale überspielt und umspielt wurden, dass sie wenig von dem Klischee erfüllten, mit dem der slawische Zungenschlag bei ihr zu Hause zu kämpfen hatte, wonach er keine Sprache, sondern eine Halskrankheit sei, ganz anders klang es tatsächlich hier, weicher, französischer auch und dann aber wieder zwischendrin durchaus konsonantisch, wie *krk strk prtsch* oder so.

Eine Ecke weiter drehten sie in einem Kurhotel vielleicht irgendeine im neunzehnten Jahrhundert spielende Serie zum Untergang einer Familie oder zum Fall und Aufstieg eines Despoten oder einfach nur zum alltäglichen Intrigenirrsinn einfacher, wenngleich nicht immer unvermögender Leute, die den anderen nicht gönnten, was sie selbst hatten, nicht einmal das, und noch dazu nicht einmal etwas weniger als das.

Die Schwäne unten am Meer, in einer von Tag zu Tag etwas morbider anmutenden Algen-Atmosphäre, zogen ihre Ovale und Kreise in einer Weise, als stünde tatsächlich das Bewegte still.

Abtauchen konnte sie hier tatsächlich in einer Weise, in der es andernorts schwerlich ginge, Abtauchen in früher Gelesenes und Erlebtes Dritter und Fortschwimmen in langen, langen Sätzen, Nöte dabei wie Strandgut an den Satzufern liegenlassend und Freuden wie Horizonte am noch nicht erreichten Lese-Ende aufgehen sehen: nichts weniger als das, das war ihr Glück.

Sie freute sich schon auf die Crêpe, welche sie gleich in der kleinen Cafeteria der Danziger Uni, zwischen dem ersten und dem zweiten Kurs Deutsch als Fremdsprache, zu sich nehmen würde, mit dick Schokolade und Walnüssen. Eigentlich war es mehr ein Pfannkuchen, doch unter diesem Namen konnte man heutzutage nirgendwo mehr etwas verkaufen, und da leuchtete es ihr besonders ein, dass die frankophilen Polen Crêpes liebten, und sie eben nur etwas üppiger lachen machten.

Im Grunde genommen hatte sie in den letzten vierundzwanzig Jahren, in denen sie als Lektorin des DAADs die Welt bereiste, und nacheinander den Portugiesen, den Tschechen, den Slowaken und nun eben den Polen, deutsche Sprache, Literatur und Geschichte näher zu bringen hatte, immer deutlicher gelernt, dass die Auslandsgermanistik um ein Vielfaches erfolgreicher Lektüren der als Kanon würdig eingestuften Prosa, Dramen und Gedichte vermitteln konnte, als es Daheim, in Deutschland, an den meisten Universitäten gelang.

Sicher, das hatte etwas damit zu tun, dass disziplinierter und freudiger gelernt werden kann, wenn es sich eben nicht um die gewohnten einheimischen Schulpflichten handelte, sondern um Abenteuer und Exkursionen, um Entdeckungen, wenn nicht neuer Kontinente, so doch auf alle Fälle neuer Länder, durch deren Sprachen eben.

Hier in Danzig waren ihr die Studenten und Studentinnen noch einmal deutlich fleißiger, auch interessierter vorgekommen, als anderswo, auch anderswo innerhalb Polens, allerdings auch nicht eigensinnig genug und nicht mutig genug, ihre eigenen Wege zur Literatur der Nachbarn als Curriculum einzuklagen.

Gut, Grass lag natürlich nahe, und da war ja auch nichts gegen einzuwenden, auch nicht gegen Sigfried Lenz. Doch hatte Europa sich ja erfreulicherweise verändert, und da waren, neben den deutschsprachigen Literaturen aus Österreich und der Schweiz auch gegenwärtige Autoren und Autorinnen Deutschlands, vereint und verzagt, wie es nun geworden war, durchaus auch angebracht. Und Autoren, deren Schreiben in der fremden Sprache Deutsch begann, nicht in der Heimat oder Muttersprache.

Sie tauchten gemeinsam ab in den Randerscheinungen der deutschsprachigen Prosa, und das schien nur bedingt gut gewesen zu sein. Ihre Stunden zu Robbi, Tobbi und das Fliwatüt, zu Benn und Anna, und dem Anderen Fundevogel, aber auch zum Orchesterdiener, zu Diabelli, Herrn Adamson, dem Leben als Zwerg, der Mutterzunge, dem Prinz von Theben, den Menschen im Hotel und zu Übersetzungsproblemen des Harry Potter, die auch poetische Praxis boten, kamen am Ende, trotz vieler positiver Rückmeldungen der Studenten und Studentinnen insgesamt wohl eher doch nicht so an.

Jedenfalls wurde heute ihr Vertrag nicht verlängert, ein exzellentes Zeugnis zwar ausgestellt, doch keine Zukunft ausgemalt, jedenfalls nicht für sie.

Abtauchen dachte sie, nicht mehr performativ, sondern richtig und Auftauchen woanders, wo die Sonne mindestens ebenso schön aufging und unterging wie in Danzig. Nach Spitzbergen vielleicht? Oder sogar nach New York? Oder Prag? Sie würde es sehen und spüren, was es noch gab an Möglichkeiten, auf dem hart umkämpften Markt der Lektorate, am Ende würde es für sie, in ihrem Alter und mit ihren begrenzten Fach- und Sprachkenntnissen nur noch etwas so Exotisches, so Gefährliches geben, ein Krisengebiet am Ende der Welt vielleicht, fragte sich nur noch an welchem Ende genau.

Sie ging den Weg zur Bahn mit anderem Schritt, wollte zunächst noch einmal zu dem kleinen Park im Umfeld der Siedlungen, in denen Günter Grass groß geworden war, die sie vor längerer Zeit bereits einmal besucht hatte, als Touristin, die sich damals noch nicht hätte träumen lassen, hier einmal Dozentin sein zu können, wenn auch nicht für besonders lange.

Mittlerweile müsste der Autor, Blei gegossen, neben seiner, gleich metallenen Figur Oskar sitzen, auf einer dieser Bänke, wie echt, wie aus Fleisch und Zweifel. Er hatte zwar die notwendigen Abdrücke machen lassen, doch zugleich strikt verboten, sein Abbild zu seinen Lebzeiten bereits der Öffentlichkeit zu präsentieren und seine

Todeszeiten als einem derartigen Arrangement angemessen in Aussicht gestellt.

Im Anschluss daran könnte sie mit der Regionalbahn zurück nach Zopot fahren, dort den Schwänen Adieu sagen, und endlich, im Hotelzimmer angekommen, und an diesem runden Tisch sitzend, Abschied nehmen von dem vor ein paar Wochen noch realistisch scheinenden Angebot im Anschluss an die Urlaubsvertretung, die sie in ihrem Urlaub leistete, für länger hier bleiben zu können. Vielleicht würde sie schon einmal eine der acht anderen Sprachen, die sie mehr stotterte als sprach, barfuß betreten, um die ein oder andere idiomatische Redewendung in einem kleinen Prosaentwurf wortwörtlich zu nehmen?

"To neni mu pokoj!" -
"Du sprichst tschechisch?" -
"Nein, Maja, nein, ich übe nur schon mal fürs Wechseln von Polen nach Tschechien, über Bonn, wo der DAAD sitzt." -
"Und warum? Du musst doch auch kein polnisch können, um bei uns zu bleiben, für drei oder sogar mehr Jahre?" -
"Es hat doch nicht geklappt. Ich habe keinen positiven Bescheid bekommen." -
"So? Aber auch keinen negativen, oder?" -
"Nein, das auch nicht." -
"Nun, herzlich willkommen in Danzig, meine liebe Nachfolgerin!" -
"Im Ernst?" -
"Ich scherze nie. Jedenfalls fast nie." -

"Oha, da muss ich mich erst mal setzen!" -
"Natürlich, auf eine Crêpe, dort, wo du sie so magst, und immer meinst, sie schmeckten wie Pfannkuchen bei Muttern?"-
"In Variatione so wie bei Muttern, mit Walnüssen und Schokolade statt mit Gohannisbeermarmelade, wie wir Kinder so gerne sagten oder Haselnüssen." -
"No, worauf warten wir? Komm, tauchen wir ab, ins Polen des kalten Krieges, als es hier noch warm und plüschig war, jedenfalls in den äußeren Räumen, die uns noch heute voll retro und samten bergen, auf einen Break."-
"Während wir in der BRD auf Plexiglas und Modern Talking standen, wa, Maja?"-
"Genau!"-
"wmoim pokoju!" -

Auftauchen und Abtauen

Das Kind ging spazieren, mit den Eltern und der schon erwachsenen Schwester. Sie gingen den gewohnten Weg die Alp hinab, die andere Alp hinauf, an anderen Spaziergängern vorbei, dem Sonnenuntergang, auch einer späten Baden-Württemberger Brotzeit entgegen, und natürlich schaute das Kind alle siebeneinhalb Minuten: what's app?

Das Kind war ich und außer mir schien in meiner Family niemand zu wissen, dass man mit zehneinhalb Jahren heutzutage kein Kind mehr sein kann, garantiert nicht, wenn aus Gründen der Karriere der Eltern, an deutschen Schulen und im Auswärtigen Amt, gerade eben der neunte Umzug innerhalb von etwa zehn Jahren stattgefunden hatte, erst zusammen mit der Mutter, dann zusammen mit dem Vater, und die letzten zwei Mal zusammen mit beiden, die es wieder einmal gemeinsam versuchen wollten, und sogar über eine dritte Hochzeit nachdachten, die diesmal standesamtlich und vielleicht auch noch reformiert hinduistisch beglaubigt und gefeiert werden sollte.

Das klingt sarkastisch und ganz und gar nicht kindlich, auch sind die Sätze ja viel zu lang und komplex für Kinder, legt man etwa das pädagogische Konzept Piagets als Modell an das Original an, geht gar nicht, ich rede nicht kindgerecht, ich weiß, aber, wenn du gerade erst heraufgetaucht bist aus dem Klosett, in das dich neue Freunde aus höheren Klassen mit dem Kopf und mit dem Kommentar:

"Lies den Törless", kurz nach ihrem Benutzen eingetaucht haben, "dann weißt du, was dir blüht, falls du die Klappe nicht halten kannst", dann ist man nicht niedlich, und dann macht man nur den lieben Eltern zu Liebe auf Harmonie, damit deren Sehnsucht nach Harmonie noch recht lang aufrecht gehalten werden kann, mit ihrem Scheuklappenblick auf Hölderlin und Goethe oder, andersherum, auf Goethe und Hölderlin eben.

Wir waren angekommen und Lisa Marie erzählte den Eltern meine Geschichte, wie sie aus dem Schlichtungsprotokoll hervorging, wonach mein Fehler in einer Art dazustehen und zu blicken gelegen habe, die den Angreifern, allesamt aus gehobenen Verhältnissen wie ich auch, und ohne gefühlten oder sichtbaren Migrationshintergrund, als arrogant und kalt, überheblich und bockig vorgekommen sei, und, um mir dennoch eine Chance der Aufnahme zu geben, wären sie eben auf dieses Ritual verfallen, was ihnen nun wirklich leid täte.

Ich hatte keine Stimme mehr, keine Ahnung auch, wie mit den zu erwartenden Dislikes auf Facebook umgehen, und aß stumm die Schwarzwälder Kirschtorte, ohne Alkohol, wie den Eltern garantiert wurde, und taute auf, als sowohl Mama, als auch Papa, mit Worten und Berührungen trösteten, während Lisa Marie ihren Cocktail ohne Alkohol hochhob, daran ein wenig nippte, und sagte:

"Also, ich bin für Judo, Carl-Friedrich braucht Selbstbewusstsein und Verhaltenskorrekturen, beides trainiert dieser Mannschafts- und Einzelsport aus Japan enorm effektiv". –

Die Eltern nickten äußerlich, ich innerlich, denn ich war es ja, der Lisa-Marie zuvor darum gebeten hatte, ihnen dies vorzuschlagen, weil irgendetwas geschehen musste, damit diese Blitzfunkenschläge, dieses Knacken und Knicken in der Magengegend, und manchmal auch im Kopf, aufhören möge.

Im Moment, den ich hier festhalte, hatte ich plötzlich Hoffnung, doch noch zu Hause angekommen zu sein. Auch wenige Minuten später noch, als wir die andere Alp nun hinabgingen, und ich im Kopf ein paar Lateinvokabeln hin und her drehte, taute ich weiter auf, wurde weiter guter Dinge, und musste daran denken, wie gut letztendlich doch alles werden könnte, mit der erneuten Hochzeit, diesmal weder evangelisch noch katholisch, sondern anders, tanzte, drehte mich um mich selbst, entkrampfte die Schultern, und lachte laut: "Beim dritten Mal wird alles gut!" –

Papa nickte, und hielt auch einen Moment lang inne, mit den Erläuterungen zum Judo-Sport, die er auf der Basis einiger Internetrecherchen zur Kultur Japans für einen Vortrag abgespeichert hatte, wie immer nur im eigenen Kopf, und nicht etwa auch noch virtuell, obwohl er sie für den Vortrag nicht gebraucht habe, aber immerhin sei ihm so klar geworden, dass Judo einen hohen Stellenwert einnehme, mehr sei, als ein Sport, Ideale habe, die sich etwa darin ausdrückten, dass man mit einem Weiß-Gurt aus

Baumwolle als Schüler das Training beginne, und mit einem seidenen Gurt der Danklasse als Lehrer theoretisch das Training abschließen könne, theoretisch, weil dazu müsse man praktisch weit über hundert Jahre alt werden, dann gab es wohl neben dem üblichen Wettkampf, dem Randori, auch noch eine Kata-Meisterschaft, eine Art Ballett physikalischer Prinzipien, und Mama nutzte diesen für einen Kuss, Lisa-Marie dafür, mir schon einmal den Sparring-Partner zu geben für eine ausgefeilte Schattenjudochoreographie.

Unterm andern Rad

Sie war unter die Räder geraten, dorthin, wo ihr Vater von jeher zu leben mehr Lust verspürte, als alle anderen Familienmitglieder. Der kleinere Bruder etwa, den man Jonas rief, der war kleinkariert wie die Mutter. Beide hatten es mit dem Aufrichtig-Sein und dem Anstand, der durch und durch protestantischen Versessenheit nach Gerechtigkeit, und dies mitten in dem Land, in dem Hus schon der Garaus gemacht wurde, vor mehreren Jahrhunderten.

War sie wirklich unter die Räder geraten? Konnte man dies so sagen? Immerhin stahl sie nicht, schlug nicht um sich, und ging auch nicht auf den Strich, sondern sie war bloß, um es mit dem Großvater mütterlicherseits zu sagen, den es nicht lange in Ostrava gehalten hatte, sie war also bloß, um es mit seinen Worten zu sagen, unter Ärzte, Juristen, Lehrer und andere Asoziale geraten. Asozial seien die, so hatte Pavel gern hinzugefügt, weil sie sich einen Sch...dreck um das Wohl Ärmerer kümmerten.

Gut, dass Pavel, der sich früh nach New York aufgemacht hatte, und dort zwischenzeitlich wohl auch gestorben war, nicht mehr mitbekommen hatte, dass ausgerechnet seine Lieblingsenkelin unter die Akademiker gegangen war, also, mit anderen Worten, vom rechten und strebsamen Weg abgedriftet war, und zwar hallo! Sie hatte nämlich sozusagen zwei Doktortitel und einen Professorentitel, zwei wohl geratene Kinder, einen wohl geratenen Hund, der ihr zugelaufen war, wie alle Hunde zuvor auch schon, und deshalb Boyar hieß, Boyar der Achteinhalbte, hatte Slavka gelegentlich angemerkt, ihre kleine Tochter, und Standa, ihr noch ganz kleiner Sohn, hatte, wie fast immer, vor Freude dazu nur laut gegluckst. Wieso der Achteinhalbte hatte sie noch gefragt, und Slavka hatte geantwortet, dass er zu schmal und zu schwach sei, um schon als ganzer Boyar durchgehen zu können. Ein Opfer, durch und durch, hatte Milan dazwischengerufen, der ältere Cousin ihrer Kinder, der sich gerade im Dicke-Backen-Machen übte, doch sein bester Freund, der aus Deutschland zu Besuch war, und groß und stark war, als sei er ein Basketballspieler, hatte nur gemeint, klein und spindeldürr zu sein, sei eine ausgezeichnete Voraussetzung im Leben erfolgreich das Prinzip Judo walten zu lassen, also keine Bälle in zu hoch gehängte Körbe spielen zu wollen, sondern den Weg des geringsten Widerstandes zu gehen, die Kraft des Gegners für sich zu nutzen, und ihn damit nicht nur zu entwaffnen, sondern gar zum Freund zu machen, den zu haben bedeute, keine Feinde mehr zu benötigen.

Dieser Götz, hatte sie noch gedacht, der seinen Vornamen vielleicht der mütterlichen Schwäche für einen gleichnamigen Schauspieler verdankte, die diese sozusagen ihrerseits von ihrer Mutter erworben haben mochte, dieser Götz ist doch verdammt klug, irgendwie der Typ Klitschko für Arme.

Und dann kamen ihr ihre Doktortitel in den Sinn, der in Philosophie und der in Medizin, denen sie ihre Juniorprofessur an der Prager Uni zu verdanken hatte, wo sie unter anderem innerhalb eines Drittmittelprojektes zu elektrotherapeutischen und elektrotheoretischen Sonderwegen des tschechoslowakischen Gesundheitssystems um 1900 herum zu forschen hatte, und damit kam ihr auch wieder der Großvater Pavel in den Sinn, von dem nur überliefert worden war, was er gelegentlich bei einem Gläschen Becherovka jenen Nachbarn riet, die nach der Volksschule noch ein Gymnasium, womöglich noch eine deutsche Schule besuchen wollten, und dies riet er dann passender Weise auch in der deutschen und nicht in der tschechischen Sprache:

"No, komm mir aber mal nicht unter die Räder der andern, Bürschchen, werd' mir nicht asozial, Apotheker, Arzt, Jurist oder gar Philosoph". -

Dann soll er geschmunzelt haben, auf eine nur ihm mögliche Weise, soll dem andern und sich die Schnapsgläser nachgefüllt und angestoßen haben:

"No, komm, auf Ex!"-

Leben voran

Sie rollt ihr Leben voran. Immer schon. Seit Jahrtausenden rollt sie es voran, und bleibt selbst dabei zurück, im Windschatten bleibt sie zurück, und wird verstellt von jeweils immer schöneren Aussichten, die allerdings sofort um die Ecke biegen, sobald du sie bemerkst.

Die Rahmen änderten sich, die Zeiten auch, die Geschwindigkeiten und die Moden, was aber blieb, das war sie, unheimlich, ungewollt und jederzeit neuen Moden der Erziehung des Rückgratbrechens und der Hexenverfolgung ausgesetzt.

Irgendwann vor sehr vielen Jahrtausenden hatte sie wahrscheinlich das Tanzen erfunden, als sie auf dem Rückweg vom Wasserloch, gemeinsam mit anderen Frauen, die Last kaum zu tragen vermochte, die auf ihren Köpfen schwappte, und, zunächst aus Not, dann aus Gründen der Wehrhaftigkeit gegen die Not sich auf die Zehenspitzen hob, dabei wachsam, beide Arme hochgehoben, über dem ebenfalls hoch erhobenen Kopf, mit seinen wunderschön glänzenden Locken, fest an den Griffen links und rechts des Wasserkruges eingekrallt. Das war es, jetzt musste sie nur noch Schrittfolgen finden, Beugewinkel für den Oberkörper, mal nach links, mal nach rechts, mal nach hinten und mal nach vorn, die sicherstellten, dass das Wasser, kostbarer als die Welt, der sie es entnahm, dabei Tröpflein für Tröpflein sicher im Krug bliebe, bis sie zu

Hause angekommen wäre, um es der Familie zu geben, und zu hoffen, dass auch für sie noch etwas übrigbliebe.

Später verfiel sie auf den Trost, den sie aus den Obstplantagen mit jeder gepflückten Orange obendrein erhielt, erntefrisch und ganz und gar nicht aus guten Zeiten hervorgegangen, den lutschte sie wie ein Bonbon während der Plackerei, wie er es fertig brachte pflückreif zu wachsen, dieser Trost, das blieb ihr für immer ein Rätsel.

Endlich war sie angekommen in einer Zeit, die unserer folgen wird und hatte gelernt auf alles zu verzichten, was nicht aus ihren Hirngespinsten sich heraus von selber entwickelte, ihr vor die Füße hüpfte und zu Diensten war als Trostpflaster, mal in Form eines kühlen Bieres, dann in Form eines freundlichen Wortes, endlich oft genug allerdings nur als Blues.

Zu dieser Zeit exakt geschah dann aber plötzlich etwas, das so unwägbar war, wie ihr gesamtes, ihr stets vorausrollendes Leben es immer schon gewesen war, aber weitaus unwahrscheinlicher: Die Liebe.

Sie saß auf einer Bank, den Hut neben sich liegend, den Kopf etwas zu weit in die Luft gereckt, mit Augen, die die Wolken zählten und Wimpern, die so lang waren, dass sie währenddessen Windspiel wurden.

Die Liebe rollte auch immer schon Leben voran. Wirklich immer schon. Seit Jahrtausenden rollte sie es voran, und bleibt selbst dabei zurück, im Windschatten, bleibt sie zurück, und wird verstellt von jeweils immer schöneren Aussichten, die allerdings sofort um die Ecke biegen, sobald du sie bemerkst. Sie musste, wie der Tod, aus Deutschland stammen, denn sie war von femininem grammatischen, und von männlichem natürlichen Geschlecht.

Irgendwann vor Jahrtausenden hatte er wahrscheinlich das Tanzen erfunden, auf dem Weg zur Jagd vielleicht oder auf dem Weg in den Krieg für seine Familie, die Töchter und Mütter, die zu Hause geblieben waren, und das Feuer bewahrten, als sei es die Wahrheit. Da plötzlich fiel ihn von hinten jemand an, jemand Größeres und Mächtigeres, als er selbst es war, vielleicht ein Bär oder etwas Ähnliches, vielleicht ein Mann eines Nachbarstammes, den sein Stamm bisher noch nicht entdeckt hatte, und der ein Stamm von Riesen sein mochte. Seine voran in die Zukunft wie ein Leben gehaltene Waffe nutzte ihm nichts, die Gefahr hatte ihn hinterrücks umarmt, seine Jagdkollegen blieben auf der Stelle stehen, wie vom Blitz getroffen, und setzten allesamt Mienen auf, die regungslos, wie aus Frost gegossen waren. Da warf er die Waffe weg, und griff mit beiden Armen hinter sich, krallte unterhalb der Stelle sich in das Fell des Angreifers ein, an der er sein Gesäß vermutete, ging dabei etwas in die Knie, nahm mit einer Drehung nach rechts Anlauf, um sich und den Feind dann nach links wie wild und ungehobelt zu drehen, manchmal dann aber doch wieder rechts herum abzudriften, dabei ging er vielleicht noch deutlicher in die Knie oder noch deutlicher in den Himmel, so lange, bis der Angreifer entweder Lust am Frieden fand oder aber, schwindlig geworden, fortgeschleudert wurde.

Später verfiel er auf den Trost, den er mit jeder Traube aus dem Weinberg zupfte, welcher steil wie eine Bergschlucht sich über dem sich unten dahin schlängelndem, obwohl sehr breitem Strom hinaufwand, und hob ihn bis zum späten Abend auf, in einer Kiefernhöhle, gleich hinter dem Weisheitszahn, und machte daraus zur Schlafenszeit Gute Nacht Geschichten für die Frauen und Kinder, die das Feuer bewacht hatten, je weniger er diesem an Essbarem zum Fraß vorwerfen konnte, umso mehr und lauter ließ er aus dem Trost die Erzählungen hallen.

Als sie einander trafen, hatten beide schon so ihre Wehwehchen und Abschürfungen zu bedauern, eine hatte, krank geworden, einen ganz kahlen Kopf und einer hatte, ebenfalls krank geworden, unterhalb der Gürtellinie ein kleines Schubfächlein eingebaut bekommen, aus dem man seine Fäkalien ziehen konnte. Sie schob ein Rollwägelchen und er schob seinen Sauerstoffapparat wie Leben und Liebe sich voraus.

Jetzt, wo sie einander auf der Bank trafen, und die Hand gaben, standen die Apparaturen jeweils links und rechts von ihnen parat, jeder Zeit bereit, weiter den beiden als Zukunftsgarant und Liebespfand vorauszurollen.

Herbstsprachlose. Kurzfassung

Am Morgen des Welttages der Lehrerinnen und Lehrer ausgerechnet, da passierten neulich ganze Wälder längst vergangener Kastanienkörper auf Streichhölzern und mit Eichelkörper meine noch etwas morgennebulösen Hirnwebstühle.

Der Ort, an dem ich diese Herbstfrüchte während meiner Kindheit im Ruhrgebiet gesammelt hatte, froh, allein dabei sein zu dürfen, also All eins oder eins mit dem All und keineswegs einsam, lag, trotz allem Nebulösem einer Erinnerung, klar vor meinem inneren Blick.

Ein Fachwerkhaus aus dem fünfzehnten Jahrhundert, mit einem von etwa 1950 stammenden Anbau, in dem die Kegelbahn untergebracht war, die jene Gäste beizeiten aufsuchen sollten, die im vorderen Teil des Restaurants aßen, was sie aber so gut wie nie taten, lag an der höchsten Stelle der Straße, unweit einer Autobahnbrücke, mitten in einem Grundstück, das etwa fünfzig Kastanienbäume hatte, und war für Jahre eines meiner stillen Paradiese.

Dort fand ich mich beizeiten ein, ging den langen, langen asphaltierten Weg, der, von der wenig befahrenen Straße aus, durch eine Toreinfahrt hindurch, hinter das Haus mit Restaurant und Kegelbahn führte, genau dorthin eben, wo etwa fünfzig Kastanien in zwei Reihen hintereinander so angeordnet waren, dass sie ein Konkav der Gedankengefühle eröffneten.

Dort aber stand, zu allem Überfluss des kindlichen Glücks, noch eine Bank, die von niemand anderem, als von mir selbst zu Herbstzeiten für jeweils nur wenige Minuten bezogen zu werden schien. Alles wirkte nämlich immer so unberührt und unentdeckt, wenn ich dorthin auszog, um das Vertrauen zu lernen, das Vertrauen in meine Fähigkeiten, das von den Lehrern und Lehrerinnen am Gymnasium, welches ich bereits besuchte, kaum einer zu teilen aufgelegt war. Witziger Weise waren es letztendlich dann, so steht aufgrund der Aktenlage zu vermuten, mit der ich mich heute in meiner Funktion als Mediatorin zu beschäftigen habe, Lehrer und Lehrerinnen genau jener Fächer, in denen ich tatsächlich eine Niete war, Mathematik und Physik nämlich, die mich wahrscheinlich engagiert und gegen den gelegentlich aufschäumenden Widerstand einiger Lehrer und Lehrerinnen meiner Lieblingsfächer, Deutsch und Musik nämlich, bis zum Abitur regelrecht vorauszogen.

Gelegentlich schaute aus dem gegenüberliegenden Fenster, welches zur Küche gehörte, ein Koch mit seiner charakteristischen Mütze heraus, und wir beiden verabredeten stumm mein Bleiberecht auf der schon recht verblichenen kleinen Parkbank, das oft nur für die Dauer von knapp zwanzig Minuten gewährt werden konnte, denn so lange brauchte die Straßenbahn, um mich von der Schule nach Hause zu bringen, und für meine Verspätung brauchte es schließlich eine glaubwürdige Ausrede oder Notlüge für Mama, die zu Hause mit dem Mitttagessen wartete, und vor lauterer Liebe für ihre Töchter und ihren Sohn bis zu ihrem Tod, viele Jahre später, stets überängstlich und sorgenvoll war. Diese Ausrede aber, die konnte nur lauten: „Entschuldige bitte, Mamma, ich habe die Bahn verpasst."-

"Hast wieder getrödelt, Kind?" –

"Ja." –

Na ja, und mehr als zwanzig Minuten trödeln waren weder glaubwürdig noch, wie eben alles unter zwanzig Minuten, nicht der Gefahr ausgesetzt, dass Mama vor schierer Angst die Polizei hätte benachrichtigt, und aus dem Kurzaufenthalt im Paradies wäre dann leicht eine kleine Exkursion in die Hölle geworden, noch dazu mit nicht geeignetem Schuhwerk, nicht geeigneter Kleidung und wenig angemessenem Nervenkostüm.

Unter der Bank hortete das Kind, das ich war und immer noch ein wenig bin, Kastanien und wusste, dass der Küchenchef, mit dem zu sprechen nie eine Notwendigkeit bestand, achtsam wäre, so achtsam, als handele es sich um sein eigenes allerheiliges, kleines Geheimnis, das da unter der Bank lag und wartete, in der Zeit, in der das Kind abwesend sein musste, und nicht selbst auf seinen Besitz aufpassen konnte. Natürlich war ich, die das Kind war, die meiste Zeit abwesend, trieb mich woanders in Duisburg herum, holte eine meiner sieben Schwestern ab oder erledigte Einkäufe für Mama oder brachte dem Vater und dem Bruder irgendeine Mahlzeit an den Hafen runter, an dem sie beide arbeiteten oder ging auch gelegentlich in diese kleine Kirche, obwohl wir gar keine Christen sind und auch nie waren. Nur: andere Gotteshäuser als Kirchen gab es zu Zeiten meiner Kindheit nicht in Deutschland. Doch am allerschönsten war eben nur dieser Kastanienwald, der so lag, als verstecke er sich vor dem Angriff wild gewordener Waldtiere eben hier in der Stadt.

Regelmäßig galt es also Mama mit Faxen und Fäxchen bei Laune zu halten, den großen Schwestern zu helfen, Papa und dem großen Bruder hinterherzurennen und die Hausaufgaben zu erledigen, irgendwo zwischendrin, meistens am Küchentisch in irgendeiner plötzlich entstehenden Lücke zwischen Essen auftragen, zu sich nehmen und abräumen und nur selten fand ich Raum für meine Gedankenexperimente an Baumfrüchtchen.

Gelegentlich, ganz gelegentlich also, hatte ich, das Kind, die Chance über die Autobahnbrücke zu laufen, dann den Berg hinab, an der ersten großen Straßenkreuzung rechts, über die Straße hinweg, jetzt links, in einen Weg hinein, der an einem Tennisplatz mit Außengastronomie links vorbei und rechts treppauf in einen Wald führte, aus dem vermutlich meine Kastanien geflüchtet waren. Dort sammelte ich ebenfalls Materialien für meine kleinen Herbst-Geschichten aus Baumutensilien.

Einmal kam ich den Weg entlang, und sang schon leise vor mich hin, ein, während des Singens zu erfindendes Lied von der Kastanienschlossallee und fand von Zauberhand meine kleine Kastanienmenagerie vervollständigt. All die kleinen kopflosen Installationen auf drei oder vier Streichholzbeinchen, die Prinzipien darstellen sollten, von deren Existenz ich durch das Belauschen der Gespräche Erwachsener wusste, trugen plötzlich gut erkennbare Tierköpfe, eines sah aus wie ein Reh, eines wie eine Katze, eines wie ein Hund, eines wie eine Ziege, eines wie ein Schaf und sofort und Drumherum gab es sogar einen Zaun aus Streichhölzern, ganz so, wie es die üblichen Streichelzoos jener Jahre hatten. Fortan mied ich den Ort wie keinen zweiten mehr danach in meinem Leben.

Es blieb mir bis heute ein Rätsel, wie ich meinen Freund so falsch hatte einschätzen können, mit dem ich dachte mich schweigend zu verstehen, zwischen dem und mir nie ein falsches Wort bestand, weil wir einfach von Ferne einander respektierten und achteten und jeweils den anderen so in sein Recht setzten, dass wir ihn ließen, wie er war.

Beim Durchblättern alter Zeitungsnachrichten, auf der Suche nach beredten Beispielen der Mode jener Jahre, die ich für einen Artikel benötige, stieß ich plötzlich auf einen Drei-Zeiler, der das Verschwinden des Kochs aus eben jenem Restaurant thematisiert und nebenbei erwähnt, dass eine junge Kollegin die vakante Stelle übernommen habe, just an jenem Tag, an dem ich meine kleine paradiesische

Welt ohne Worte, meine Auszeit im Kastanienhain auf immer verlor.

Schneemann on the road

Die Nebel trieben wieder ihr morgendliches Spiel. Die Temperatur taktete dazu Minusgrade, und die Autos warfen einander mit Fernlicht ihre Hektik entgegen. Da war es einem stets so, als käme man eh zu spät. Warum sollte das Kamel, das er war, weil er sich viel zu dünn angezogen hatte, für diesen Wintertag, sich auch noch beeilen? Damit er nicht zu laut schnattere? Oder, um am Ende wider Erwarten doch noch pünktlich ankommen zu können? Hieß es nicht, der, der es eilig habe, der müsse besonders langsam und bedacht gehen?

Er schloss die Augen und sah: hinter sich den Hamburger Hauptbahnhof, irgendwo dort die Alster, die ihre Elbe sucht, und da hinten, ganz weit hinten, die Hagenbecks. Nähme er jetzt ein Taxi, benötigte er für die knapp fünfkommasieben Kilometer bis hin zum Kontor wahrscheinlich wegen des Rückstaus im Tunnel und überhaupt eine knappe Stunde, ginge er zu Fuß eine gute Stunde, also, zu spät käme er in jedem Fall, warum dann nicht lieber lahmen Fußes durch den Regen hindurch? Er zog das Handy aus der Tasche, das wahrscheinlich nach Meinung der meisten Tablet oder i-Phone Nutzer ins Museum, wenn nicht auf den Sondermüll gehörte, wählte die Nummer der Geschäftspartner, kündigte seine infrastrukturell bedingte Verspätung an und setzte einen Fuß vor den anderen.

Es war ihm, als wäre die Temperatur von gerade auf jetzt gefallen, doch ganz sicher war er sich nicht, nur, dass er schlidderte statt zu gehen, das war eigentlich alles, was dafürsprach. Links von ihm schlidderten tatsächlich zugleich auch ein paar Kinder und lachten laut dabei, schmissen Ihre Rucksäcke während des ausgelassenen Wettrutschens hoch in die Luft und fingen sie wieder auf und machten sich über irgendeinen Opa lustig, vermutlich einen ihrer Lehrer, und rutschten so rasch und unspektakulär aus seinem Blickfeld wie sie sich hineinbegeben hatten.

Die Temperatur schien also wirklich gefallen zu sein, von gerade auf jetzt, doch ganz sicher war er sich nicht, ob nicht doch eher der Wunsch Vater des Gedankens gewesen war, denn bevor er durch nasskalten Nieselregen freiwillig liefe, wäre er natürlich wahlweise lieber durch Neuschnee gelaufen, durch ein feines kaltes und zugleich wärmendes Schneegestöber. An der nächsten Kreuzung machten ihn von außen die Reifen eines viel zu schnellen Audis nass, irgendetwas veranlasste ihn dazu, anzunehmen, es wären noch Sommerreifen gewesen, mitten im Dezember, und von innen stiegen plötzlich Bilder in ihm auf, die er jetzt eigentlich gar nicht haben wollte, nicht gebrauchen konnte, wollte er sich doch auf das Geschäft konzentrieren, das ihm soeben wohlmöglich schon im wortwörtlichen Sinne ins Wasser gefallen sein könnte, denn Verspätung akzeptierten Japaner eigentlich nie und seine Geschäftspartner waren nun einmal Japaner, und der freundlichen und vermeintlich verständnisvollen Reaktion gerade am Telefon, oi, ja, man warte selbstverständlich und er solle sich ja nicht eilen, nicht dass am Ende noch etwas passiere, der kann er am Ende gar nichts Sicheres entnehmen, wer weiß, eventuell sagten sie ihm gleich, wenn er ankäme, es sei schön, ihn nun doch noch einmal persönlich kennenlernen zu dürfen, nach all den Mails und Skypes und Apps und SMS et cetera, aber, leider, für das eigentlich geplante Geschäft sei er zu spät, der Mitinteressent, ein Kaufmann aus Odessa, der sei eben, auch wenn es wie ein verunglückter Stoff einer verunglückten Operette klänge, tatsächlich schneller und dadurch vertrauenswürdiger erschienen, als er, habe den unterschriebenen Vertrag in die Manteltasche gesteckt und habe auf das gemeinsame anschließende Fischessen aus Zeitnot, die wohl zwar einerseits vorgeschoben und aber andererseits auch echt war, verzichtet. Sie sollten sich eigentlich noch in der Einfahrt begegnet sein, denn auch er habe den Fußweg dem Taxi vorgezogen.

Doch die Bilder ließen sich nicht vertreiben, und der freiwillige kleine Fußmarsch in die unmittelbar vor seiner Gegenwart sich ausbreitende Zukunft, der wurde zunächst eine rasche Reise im Überblendungsmodus Richtung tiefstes Plusquamperfekt. Er schlenderte jetzt durch den Schneeregen, Schneeregen war wohl tatsächlich die angemessene Bezeichnung, nicht Regen und nicht Schnee, unentschlossen eben, aber nass und kalt und sah seine Eltern und sich selbst in Hamburg am Hauptbahnhof ankommen und den ersten Schnee ihres Lebens sehen und fühlen und für wahr halten. Damals waren es aber dicke weiße Flockentänze, er würde es beeiden, falls nötig, dass seine Phantasie ihn da nicht betröge, nicht einmal die wirklich durchlebte Vergangenheit nur ein wenig aufschönte.

Glücklich waren sie damals, glücklich über die Kälte, die Helligkeit mitten im Winter und die Bank in dem kleinen Park, die sie entdeckten, als sie einfach ohne Kompass und Karte in die Stadt hineinspaziert waren, alle drei für einen Augenblick sitzen blieben und sich fühlten wie zu früh ausgestiegen fürs große Glück und zu spät fürs Pech, aber eben passend fürs kleine, alltäglich wieder neu aufzumunternde Glück. Das Glück davongekommen zu sein, drei aus Benin, nun in einer anderen Welt mit anderen Spielregeln, doch mit dem Leben davongekommen, Zaungäste aus Afrika, die einmal in ihrem Leben Schneeflocken sehen wollten, Schneemann, Schneefrau und Schneekind, so saßen sie auf der Bank und hatten schwarz auf weiß eine befristete Aufenthaltsgenehmigung in den Händen und die allerabenteuerlichsten Zukunftsentwürfe in den Köpfen und zwar in Farbe.

Das Handy vibrierte, kurz bevor er in die Straße einbog, in der das Kontor sein musste. Er erschrak nicht einmal, zog es aus der oberen inneren Manteltasche, hielt es hoch und hörte die Frage, ob er eigentlich vegan, vegetarisch oder unkompliziert sei in Essensfragen. Er entschied sich für unkompliziert, obwohl er seit Jahren immer wieder einmal von vorn versuchte, vegetarisch und am Ende wohl möglich vegan zu werden, vergeblich bisher, und dachte, unkompliziert sei bestimmt okay. Die weibliche Stimme lächelte förmlich zurück, dass sich schon alle freuten und so weiter und so fort. Er war dann eben doch ganz offensichtlich Teil eines halbwegs gelungenen, halbwegs realistischen Lebens und nicht Figur eines wenig geglückten Operettengetues. Immerhin!

Ankommen und (R)-Auskommen

Sie ging jeden Morgen zur selben Zeit aus dem Haus und erreichte jeden Morgen zur selben Zeit das Bankgebäude im Frankfurter Hochhausviertel, indem sie, als Azubi, angestellt war. Weil sie während der Lehrzeit natürlich lange nicht so viel Geld verdiente, wie sie für das Nötigste im Leben brauchte, verließ sie jeden Nachmittag um dieselbe Zeit das Bankgebäude in der Hochhauszeile Frankfurts, nahe des Hauptbahnhofs und nahe oder besser gesagt unweit des Geländes, auf dem zu Zeiten die Buchmesse stattfindet, und lief zügig querfeldein, um unweit der U-Bahnstation 'Die Wache' jenen Drogeriemarkt zu erreichen, in dem sie täglich von 17 Uhr bis 22 Uhr jobbte.

Was sie dort verdiente, deckte die monatlichen Mietkosten für ihr winziges Ein-Zimmer-Appartement mit Gemeinschaftsklo und Gemeinschaftsdusche immerhin zu fast siebzig Prozent ab. Den Rest konnte sie ja ihrem Lehrgeld entnehmen, von dem dann sogar noch etwas übrigblieb, was sie jedoch meistens zu etwa neunzig Prozent in Second Hand Firstclass Boutiquen ließ, denn als zukünftige Bankangestellte hatte sie den in diesen Kreisen typischen Understatement Stil bereits mit siebzehn Jahren zu beweisen. Er stand ihr zweifelsohne gut. Doch sie gefiel sich nicht so ausgestellt und aufgestellt, unauffällige lange und weite Hängerchen mit eng anliegenden schwarzen Joggings kombiniert, und dazu dann aber bitte bunte Springerstiefel, als Kontrast, das hätte ihr besser gefallen.

Sobald sie in Festanstellung wäre, könnte das aber ja durchaus eine Feierabendoption werden. Deshalb, und um sowohl ihren Körper als auch ihren Geist bei Laune und Form zu halten, ging sie samstags und sonntags in ein Fitness-Center, das genau auf dem Kreuzpunkt ihrer täglichen Wege von Wohnung zur Bank und von der Bank zur Wohnung lag, und trainierte hart.

Neuerdings hatte sie, da ihr Bemühen um äußerliche und innerliche Makellosigkeit ganz offensichtlich nicht ganz vergeblich gewesen war, dort noch das Angebot erhalten, samstags und sonntags, vor dem eigenen Training, und zwar zwischen neun und elf Uhr, am Empfang zu helfen, ebenfalls gelegentlich, etwa donnerstags und freitags zwischen zweiundzwanzig Uhr und null Uhr nachts, sollte sie sogar, falls sie sich am Empfang bewährte als Co-Trainerin für bestimmte Kurse eingesetzt werden.

So schlug sie sich durch, mehr recht als schlecht, fand sie, doch verglich sie ihre Chancen und Sicherheiten mit denen anderer Flüchtlinge aus Afrika, die entweder ertrunken waren oder in Italien von Sizilien aus nach Rom und von Rom aus nach Sizilien und dann woandershin geschubst wurden, dann hatte sie sogar noch Glück gehabt, fand sie.

Sie hatte Glück, das mit dem größten Unglück kam, was ihr bisher in ihrem Leben passiert war. Denn, weil ihre Eltern bei der Flucht beide ertranken, hatte irgendjemand in Italien Mitleid mit ihr, und verhalf ihr, über mehrere

Etappen, nach Deutschland, und, weil sie dort so mutterseelenallein und so vaterseelenallein und so geschwisterseelenallein gestrandet war, hatte abermals ein weiterer Irgendjemand Mitleid mit ihr, und nahm sie zu Hause auf, und verhalf ihr auch zu diesem Bank-Job. Und weil dieser weitere Irgendjemand Ahnung vom Leben hatte, da ließ er sie, kaum aufgepäppelt und geborgen, wieder los.

Er war gar kein er, dieser weitere Irgendjemand, sondern eine sie und damit war sie wieder einmal bei einer dieser Besonderheiten der deutschen Sprache angelangt, wonach das grammatische Geschlecht nicht mit dem natürlichen Geschlecht übereinstimmen musste. Wie schwer war ihr das zu akzeptieren und zu lernen gefallen, erst fand sie es absolut komisch, ja widernatürlich und jetzt fand sie es einfach nur genial, man konnte in der Sprache auf sich zugehen und man konnte in der Sprache auf Distanz zu sich selbst rücken und beobachten, wie albern man sich benahm. Das konnte man vielleicht nicht wirklich, aber man konnte es sich einbilden und das hatte ihr am Anfang sehr geholfen.

Martha war neunundachtzig Jahre alt, und hatte, so hatte zwar niemals sie selbst, wohl aber wiederholt der Abteilungschef bei der Bank angedeutet, ein eigenes Vertriebenenschicksal hinter sich, wenn auch eines, das sich innerhalb eines Landes abspielte, aus dem plötzlich zwei Staaten geworden waren, nach dem zweiten Weltkrieg, und nicht eines, das ganz offensichtlich Lust daran fand, sein grausames Treiben mit wehrlosen und im ganz eigentlichen Sinne doch auch wahrhaft unfreien Menschen über Kontinente mit mehreren Jokern und mehreren Abgründen zu treiben, immer wieder neu, immer wieder anders.

Martha selbst hatte eigentlich nie viel gesagt. Aber sie hatte, nur für Noel, ein eigenes, mehrbändiges Deutschlehrbuch verfasst, ihr jeden Tag sieben Stunden zum spielerischen Sprachenlernen zur Verfügung gestellt, war beispielsweise in den Zoo gegangen, und hatte mit Noel gemeinsam Tiergeschichten erfunden, in denen die Tiere draußen nur noch ganz entfernte Ähnlichkeiten zu den liebevoll gestalteten Sprachtieren aufwiesen. Manchmal war Martha mit ihr aber auch nach Hof in Bayern gefahren, nahe der tschechischen Grenze, wo sie, so vermutete Noels Abteilungschef gelegentlich, nach ihrer Flucht aus Ostpreußen, Westpreußen, Schlesien oder sonst was, sei doch eh alles einerlei, dies Flichtlingszig, meinte er, wohl Unterschlupf gefunden haben musste.

Noel war angetan von dieser Hilfe und wollte sich auch erkenntlich zeigen. Doch da sagte Martha nur: "Das ist nicht deine Aufgabe, Kleine." -

"Aber, bitte, du tust doch auch so viel für mich!" -

"Deine Aufgabe ist es dagegen, Kleine, wie eine unerkannte Prinzessin aus dem Märchenland, die bei armen Bauern groß geworden ist, aufzubrechen, wenn die Zeit kommt, und mit der Ferne auch sich selbst zu finden, zu entdecken oder gar zu erfinden." –

"Aber, ..." -

"Und denk dran", hatte Martha dann noch an jenem einen Abend gesagt, "denk daran, wenn es zu hart wird, und das Leben der jungen Menschen heute ist verdammt hart, dann schließe für eine Sekunde während des Spießrutenlaufs von Job A zu Job B und von Job B zu Job C die Augen, und reise innerlich dorthin, wo Farben und Fragen dich erwarten. Noch haben wir Menschen ja ein Inneres. Noch!" –

Danach war Martha aus Noels Leben verschwunden, und alles Nachforschen nutzte nichts. Niemand wollte sie plötzlich je gekannt haben, Nicht einmal die Vorgesetzten von der Bank, an der Noel arbeitete, was ohne Marthas Hilfe undenkbar gewesen wäre, nicht einmal der Abteilungsleiter, der plötzlich meinte, Noels Martha sei ihr Trauma-Gespinst, nicht mehr und nicht weniger, aber auch nicht weiter schlimm.

Noel dachte, was die Wirklichkeit nicht als wirklich zugeben mag, kann man ihr auch nicht entreißen, setzte sich gelegentlich in eines ihrer imaginären Archipele auf ein Tête-à-Tête mit möglichen Wirklichkeiten möglicher Welten, trieb literarische Gegenspiele zu ihrer prosaischen Lebenswelt und wuchs so langsam, aber stetig, über sich hinaus.

Flussläufe

Sie hatte einen großen Bogen um die Dinge selbst geschlagen, die ihr wichtig waren. Dabei schien sie ihnen weder näher gekommen zu sein noch weiter weg von ihnen gerückt zu sein, und schien auch sich selbst weder mehr gewonnen noch deutlicher verloren zu haben.

Was war das denn nur für eine Gangart, nicht vor und nicht zurück, nicht rechts herum und nicht links herum, nicht treppauf und nicht treppab, und nicht auf der Stelle? Nun, genauer bedacht, musste diese Beschreibung, die sie während ihres langsamen Laufen flussabwärts sich von ihrem bisherigen Leben zu geben versuchte, entweder falsch sein oder aber ihr Gang war kein Gang, sondern ein Flug den fernen Himmeln entgegen, und dabei gegen alle Prinzipien der formalen Logik und der Metaphysik zugleich verstoßend. Die Kormorane fehlten heute, der Strom trug zu viel Wasser und sie durfte die Tiere deshalb an den Ufern des nahen Nebenflusses vermuten.

Dafür zogen ausgesprochen große Überseemöwen ihre Kreise und Bahnen, und gackerten sich dabei gegenseitig Mut zu, lachten wie mythische Götter der Winde, Donner und Blitze ihrem eigenen Verständnis nach hätten lachen müssen, und frischten die Szenerie des Nieselregentages auf.

Sieben Jahre hatte sie nun, einem Hamster in einem Laufrad ähnlich, sich rasend schnell um sich selbst gedreht, Laufhurricans erzeugt, und am Ende rein gar nichts bewegt, außer ihre Glieder. Beruflich war sie dort angekommen, wo sie ohnehin schon gewesen war, privat auch, doch ihre Erwartungshaltungen hatten sich verändert. Sie waren Visionen geworden.

Nun fanden die Waden ihre Kraft, setzten die Füße sich behände in den Sand, liefen sich im Dreivierteltakt davon. Durch ihren Körper fegte der Wunsch nach Veränderung, nach spätem Debüt als Romanschriftstellerin, Essayistin und Lebenskünstlerin.

Der Wind nahm zu, ein Regen fand langsam den Weg in die Flüsse, die Wälder, die Städte und auch die Felder, Berge und Wiesen ihrer Zeit. Die Beine wurden immer elastischer und biegsamer wie die aus dem Hit der neunzehnhundertsiebziger Jahre von jenem Schmittchen Schleicher mit den elastischen Beinen, und über den zerebralen Vernetzungen, die dafür sorgten, dass sie sich beim Schopfe des Ichs nehmen und sich beim Namen rufen konnte, spielten lauter flinke und gesellige Gedanken Fangen. Der Fluss machte eine Biegung, und sie machte im Kopf diese Biegung mit, überlegte, ob es ihr wahrhaft Ernst sei mit der gerade bedachten Veränderung, und ob diese eine Professur ein oder ausschlösse, einen Ortswechsel, der zugleich ein Flusswechsel wäre, ein oder ausschlösse oder am Ende ein sowohl als auch Geltung beanspruchen durfte, weil es eben nirgendwo außerhalb reiner

Mathematik und formaler Logik klare Verhältnisse geben könne, die den Schmerz ausschlössen, wo die Lust sich tummelte, den Hass, wo die Liebe waltete, und das Übel, wo die Wohltat mehr den Gebenden als den Empfangenden schmeichelte?

Plötzlich kamen ihr die Ausführungen in den Sinn, und ihre Füße übersprangen synchron dazu eine Pfütze, die eine junge Philosophin im Radio unlängst tätigte. Sie sprach über Robotergesetze, die Asimov in den fünfziger Jahren aufgestellt hatte. Im Gegensatz zu ihrem männlichen Gesprächspartner, der eine Differenz eingeführt sehen wollte, zwischen humaner und technischer Moral, stellte sie fest, dass die Handlungsanweisung, wonach Menschen nicht verletzt und nicht getötet werden sollten, in beiden Fällen, im Falle eines agierenden Roboters wie im Falle eines agierenden Menschen alles sei, was wir anhand beobachtbaren Tuns auf Befolgung oder Unterlassung hin eben beobachten und beantworten könnten.

Wir können ja auch dem Menschen nicht in den Kopf schauen, der diese Anweisung befolgt oder unterlässt.

Ja, dachten nun ihre Bewegungen mehr als ihre vererbten Zellen, die Software über der Hardware und im Zusammenspiel mit ihr, wir wissen es nicht, und können deshalb auch nicht wirklich vorbeugen. Je mehr wir es uns wünschen, umso weniger. Und käme jemand auf die Idee mittels dezenter Beobachtung und Beeinflussung jemanden davor bewahren zu wollen, sich zu verlieren, könnte er damit genau jene Reaktionen auslösen, die ein anderer, der einen Gefährdeten böswillig in den Wahn treiben wollte, mit List und Lust an der Zerstörung auslöste. Wer von beiden wäre besser? Auf wen könnte und sollte der, den es gelte zu bewahren oder zu zerstören, setzen, wem vertrauen, wem aus dem Wege gehen?

Kannste nicht entscheiden, geht nicht, dachte sie sich selbst als Antwort zu und fand sich tatsächlich, ohne dies je beabsichtigt zu haben, schon in der Nähe jenes seichten Gewässers wieder, an dem die Kormorane, so hatte sie von Dritten gehört, sich aufhalten sollten, wenn der Strom zu viel Wasser trug. Deshalb nahm sie sich nun vor, dem Zufall Recht zu geben, und jetzt bewusst zum Flüsschen zu laufen, der Kormorane mit aufgespannten Flügeln versprach, als gelte es das Fliegen zu lernen. Aber sie waren nicht da, die Kormorane, der Zufall war mithin irgendwie zielführender als der Vorsatz, und irgendwie auch wieder nicht, und sie überlegte, ob die Rede davon, dass diese Vögel nur bei Niedrigwasser zum Rhein kämen, und ansonsten an der Sieg lebten, nicht weit entfernt von der Siegfähre, am Ende ebenso ein Mythos sein könne, wie jene davon, Kormorane pflügten die Seen fischleer wie Heuschrecken das Land kornfrei ästen. Am Ende stimmte kaum etwas daran, und derartige, oft als Schlagzeilen respektive Lokalnachrichten daherkommende Gerüchte machten den Schaden, den schonungslos aufzudecken sie versprechen, am Ende oft selbst, schöpften ihn aus und setzten ihn in Sprache, waren eben just jene Kormorane oder Heuschrecken, die zu bekämpfen sie angeblich aufstanden.

Statt der Kormorane unter realem Himmel kamen ihr nun Flussgedanken über realen physiologischen Hirnprozessen als selbst unmessbare und unwägbare Geisterwesen in den Sinn. Zunächst war da das Meer von Porto, mit dem Douro, der in den atlantischen Ozean mündet. Einmal war sie selbst da gewesen, hatte das erste Mal in ihrem Leben ein Flugzeug bestiegen und auch das erste Mal in ihrem Leben einen Vortrag an einer Universität gehalten, anlässlich einer Tagung zu Flusswelten. Dann dachte sie an die Ruhr und den Baldeneysee, den größten der sechs Ruhrstauseen, der sich zwischen Werden, Bredeney, Heisingen, Kupferdreh und Fischlaken ausbreitet, und an dem sie nur wenige Male in ihrem Leben war, obwohl sie zwei Jahrzehnte eben dieses Lebens in seiner Nähe verbracht hatte.

Nun hatten ihre Füße sie wieder ans Ufer des Rheins zurückgetragen, dorthin, wo nach Böll der andere Rhein begann, der in Holland dann sich in die Nordsee stürzen würde, und in ihrem Kopf begannen die Fragen, die gerade noch Fangen gespielt hatten, müde zu werden, so dass sie gerne irgendein Ergebnis gehabt hätten in Bezug auf ihre Nachdenkereien, die zugleich Nachfühlereien und Vordenkereien und Vorfühlereien waren.

Während des Laufens schloss sie jetzt die Augen, und hatte das Gefühl, der Regen sei von gerade auf jetzt kühler geworden, und tatsächlich sah sie, als sie die Augen wieder öffnete, dass der Nieselregen zu Nieselschneeregen geworden war, und dachte, dass der sinnlichste Fluss wie die sinnlichste Parklandschaft tatsächlich für sie gerne jene waren, die sie nie wahrhaft sah, sondern sich nur vorgestellt hatte, innerhalb entsprechend lebendiger Rahmen.

Der Nil, den sie mit ihrer Liebe allein im Schulatlas immer wieder angeschaut hatte, und zwar indem er und sie den Flusslauf mit den Fingern entlanggefahren waren, wobei sie sich wünschten, einmal nur, bevor er an seinem Hirntumor zu Grunde zu gehen hatte, gemeinsam zum Nil fliegen zu können, was nicht gelang, war gerade deshalb der allerallerallerschönste Fluss, dem sie je nah sein durfte, weil sie ihn nie sah. Und der eingeschneite Park mit zwei Bänken darin, die metallene, schön geschmiedete Beine hatte, und rotfarbene Holzsitze und Holzrückenlehnen, auf denen Puderschnee blitzte, war der schönste Park, in dem sie je spazieren gehen konnte, wenngleich sie ihn doch nur von einer Postkarte her kannte, die jetzt, wo sie dies niederschrieb, ohne kurz zuvor auch nur ansatzweise den Lauf der Flüsse mit ihren Beinen abgelaufen zu sein, der hier thematisch war, vor ihr auf dem Schreibpult stand, so dass ihre Augen in den fotografierten Räumen herumlaufen und herumspringen konnten.

Wer braucht da noch Kormorane?

Straßenblues

Er ging über die Straßen und sang. Vielmehr ging er nicht, sondern er schritt, obwohl das Wort Schreiten zweitausendsiebenundzwanzig aus der Mode gekommen war wie kein Zweites, denn niemand hatte noch auch nur annähernd Zeit genug dazu, die Meisten hetzten und jagten, sich selbst und einander, nur er: er ging, schritt und manchmal tänzelte er sogar und sang.

Vermutlich war er einer, der eine dieser Fußfesseln trug, und eine dieser Zwangsnervenkatheter auf Verordnung erhalten hatte, die beruhigende Substanzen rhythmisch in seinen Körper stießen, gegen bipolar bedingte Stimmungsschwankungen oder leicht traumatisierte Symptomatik oder gegen mittelschwere Depressionen sollten die wohl helfen. So musste es wohl sein, ein Erfasster, der tanzte und schritt, denn das Sicherheitspersonal der Stadt, ordnungsgemäß und vollständig anwesend, Pfeiler für Pfeiler zwei elektronische Polizisten, ließen ihn gewähren. Es musste also alles seine verbriefte und mehrfach überprüfte und sorgsam dokumentierte Ordnung haben.

Er ging an allem so klug und klar strukturiert, so aufwärts und kraftvoll vorbei, wie ich es niemals hätte bewältigen können, und ich hatte als Kennzeichen in meinem Personalausweis, immer schon, vor der Kennziffer dieses kleine 'n' für 'normal' verzeichnet, käme allerdings nie auf die Idee singend, schreitend, tanzend vor Selbstgewissheit über die Straßen dieser völlig schmucklosen Milliardenstadt am Ganges zu gehen, nein, zu schlendern, als handle es sich noch um eine jener historischen, im Kolonialstil glänzenden Citys der frühen Jahre dieses Jahrtausends.

Ich Normalo, der ich ohne besonders markante physiologisch oder gar psychologisch auffällige Abweichungen vom statistischen Durchschnitt männlicher, weiblicher respektive männlichweiblicher oder weiblichmännlicher Weltmenschen vor allem medizinisch, aber auch darüber hinaus behördlich erfasst worden war, ich stolperte und zeterte dagegen täglich vor lauter Sorge falsch zu gehen, denn auch unsere Gangart war normiert worden, und ein Schritt zu viel oder zu wenig könnte bedeuten, dass ich zum TÜVFH geschickt werden würde, und am Ende sogar mein 'n' und die damit verbundenen Privilegien einbüßen könnte.

Ich hatte diese Dinge kaum auch nur halb zu Ende bedacht und erwogen, als plötzlich von oben herab aus etwa siebenhundert raschelnden und rauschenden Drohnen Netze und Seile geworfen, doch nicht der Tänzer und Sänger, sondern ich es war, der eingeholt und aufgehoben wurde, hier oben am Ararat, um Geschichten zu finden und sie zu rauschen und zu hauchen wie der Wind es bereits seit Jahrtausenden und Aberjahrtausenden unablässig tat.

"Und?" -
"Kommt gut!" -
"Echt?" -

"Sag ich doch! Besser als Captain Clarks Holodeck." -

"Da bin ich aber froh. Das Geld für Deine Rolle als Statistin kannst Du Dir gleich unten an der Kasse abholen. Achte drauf, dass Du auch die Aufwandsentschädigung bekommst, die ist nicht zu verachten in Deinem Fall, weil Du ja extra eingeflogen worden bist, damit wir die Quote der europäisch stämmigen Versuchspersonen einhalten können. Danke noch mal dafür." -

"Kein Ding! Ehemalige Studienkollegen müssen zusammenhalten: hier und jetzt und immerdar." -

"Dass Du unseren Spruch von damals aus dem Club der Poetry und Science Slamer Rheinlandpfalz, e.V. noch so kennst und Ernst nimmst." -

"Logo. Also, mach's gut und gerne auf ein Neues, anlässlich neuer Versuchsreihen eures Institutes." -

"Gerne, wir haben ja noch Einiges vor uns, bevor das angedachte Ziel erreicht sein wird." -

"Und das wäre?" -

"Die nächsten Generationen sollen nicht nur ihre geplanten Reiserouten in die Welt, sondern auch ihre ersehnten Reiserouten aus der Welt in eine andere schon vorher einmal im Internet erlaufen können." -

"Voll krass!" -

"Und wahrscheinlich würden die übernächsten Generationen die virtuelle Simulation als schöner und authentischer empfinden können, als das hoffnungslos veraltete Walking mit allen Sinnen und Möglichkeiten eigensinniger Imaginationen." -

Die Flausnerin

Wie in jedem Jahr, so wartete sie auch in diesem auf Schnee zur Weihnachtszeit. Wie in jedem Jahr, so sah es auch in diesem Jahr gar nicht gut dafür aus. Der Wind kam von West-Süd und brachte Frühlingsstimmung, die in den nächsten Tagen erst in Winterblues sich zu ändern versprach, laut Wetterbericht. Frühestens am zweiten Weihnachtsfeiertag, das hatten sie gerade im Radio gesagt, bevor sie Rudolph the red nosed rentier sozusagen ans Mikrophon baten.

Er stand längst schon am Küchenfenster und beobachtete die Leute, die windschief durch den Nieselregen stampften. Manche hatten ihre Schirme geöffnet und kämpften nun gegen diese sich falschrum aufspannenden Segel an, als wären es Stiere, gingen also etwas in die Knie, mit fest geschlossenen Beinen

Die Flausnerin gibt es wirklich. Nur diese Geschichte über sie ist erfunden. Das liegt daran, dass Geschichten immer erfunden werden müssen. Was sich ereignet ist ja doch stets etwas Anderes, als jenes, was darüber berichtet oder erzählt wird, und manche Berichte sind mehr Erzählungen, als sie wahrhaben wollen, so, wie manche Erzählungen mehr Berichte des Kommenden sind, als Abrechnungen mit Vergangenem, mehr Vision als Kapitulation.

Die Flausnerin also gab und gibt es wirklich, sie lebt nicht hinter oder über den Wolken, wie man gelegentlich aufgrund ihrer etwas durch den Wind geratenen Erscheinung annehmen könnte, sondern bei Husum.

Die Leute erzählen sich, sie sei bis vor kurzem nicht nur selbst Ärztin gewesen, sondern sogar Professorin an der Universität Hamburg und hätte als solche sowohl Medizinstudenten, als auch Kulturwissenschaftler, allen voran Ethnologen und Philosophen ausgebildet. Wie das ging, und ob sie zugleich etwa praktizierende Ärztin und eventuell Professorin der Medizingeschichte und er Medizinethik gewesen sein mochte, darauf können sich die Leute ebenso wenig wie ich einen Reim machen. Doch ich vermute, dass heutige Medizin endlich begriffen hat, dass sie mehr eine auf Kommentare angewiesene Kulturwissenschaft ist, als eine mit vermeintlich objektiven Daten dealende Naturwissenschaft.

Wie auch immer, nun setze ich zum dritten Mal an, fröne also mehr dem das Narrative konstituierenden Prinzip der Redundanz und Wiederholung als dem Fakten fingierenden Prinzip der möglichst knappen, präzisen und exakten Information: Die Flausnerin gibt es wirklich und sie wohnt nicht hinter oder über den Wolken, sondern unter uns.

Als ich sie das erste Mal sah, wie sie so auf einer dieser typischen norddeutschen Bänke saß, an einem der vielen kleinen Ferienhäuser, unweit des Reitstalls bei Schobüll, hielt ich sie für eine Touristin, tatsächlich war sie aber eine

Flausnerin, was sie mir auch nach ein paar Sekunden der Funkstille lächelnd zurief:

"Moin, moin, ich bin die Flausnerin". –

Sie winkte dabei und machte auf mich den Eindruck, als sollte ich bloß nicht anhalten und Fragen stellen, sondern einfach so, wie sie, von weit weg zurückwinken und eventuell, allerhöchstens noch, diesen landesüblichen Gruß landesüblich erwidern, wenngleich ich schon längst als Touristin aus Hessen geoutet worden sein werde, winken sollte ich wohl, auch 'Moin, Moin' rufen wäre wohl noch angegangen, deutete ich ihre Blicke richtig, um kurz darauf um die Ecke zu biegen, den schmalen Gang Richtung Meer zu nehmen und die Ruhe zu genießen, die sich aus gelegentlichen Möwenrauschen und beständigem Windrauschen der Stärke zweieinhalb, was mehr ein Windstreicheln war, zusammensetzte, nur bloß nicht zu ihr rüberkommen, das sollte ich wohl nicht. Und das tat ich dann auch nicht.

Später aber, als ich dann diesen langen Steg zum Meer hingegangen war, stiegen von dort aus, wo sie gesessen hatte, jedenfalls von ungefähr dort, wo sie gesessen hatte, wunderschön geformte Hauchzeichen in die Höhe, an den vereinzelt flockenden Wolken des norddeutschen Himmels vorbei, über den Meerbusen hinweg, und ließen meine Blicke vor Freude hicksen: eines sah aus wie ein Schwan, ein anderes wie ein Pferd und ein Drittes wie ein Gänseblümchen. Die Flausnerin musste zugeschlagen haben, dachte ich, und statt Blut und Leid nichts als Lachen machende, harmlose Hirngespinste in die sie umgebende Welt ausgesetzt haben.

So schloss ich die Augen, hielt mich am Holzgitter fest, schaute blindlings in Richtung Wasser, und bemühte mich um gleich gedankliche, sozusagen immaterielle Morsezeichen, die antworten könnten, ohne gehört zu werden.

Aus dem naheliegenden Schilf stiegen Vogelstimmen auf, vielleicht von kleinen Kiebitzen oder aber von der Küstenseeschwalbe oder gar der Sumpfrohreule, während über mir eindeutig Lachmöwen kreisten.

Vom Himmel gefallen

Wir hatten noch kein Geschenk. Es war Heilig Abend und Heilig Abend fiel auf einen Sonntag und wir hatten alle noch kein einziges Geschenk. Schlimmer: Wir hatten auch kein Geld für Geschenke, nicht für eins und schon gar nicht für mehrere. Noch schlimmer: Die Wohnung sah aus, dass die Hämpels unterm Sofa, diese sprichwörtlich gewordenen Staubchaoten, wahrscheinlich mit diesem Grad der Unordnung nicht mehr in Zusammenhang gebracht werden wollten, auf absolut gar keinen Fall!

Aber Mascha wäre nicht Mascha und ich wäre nicht ich, also Paulina, hätten wir uns davon über die Gebühr aus der Fassung bringen lassen. Und nur deshalb konnten jene mehreren Wunder passieren, die wir benötigten und zwar genau in der Zeit und in der Reihenfolge, in der es für uns genau richtig werden würde, das mit dem Weihnachtsfest und allem Drum und Dran.

Eigentlich hatten wir uns gegenseitig geschworen, am Sonntag, der zugleich Heilig Abend war, alle Geschäfte zu boykottieren. die Lebensmittelgeschäfte wie die Kaufhäuser, die Ein-Euro-Märkte wie die Boutiquen, und am besten gar nicht erst in die Stadt zu gehen. Einerseits.

Andererseits: wenn du Wunder dringend brauchst, musst du ihnen gelegentlich auch zu Fuß ein wenig entgegenkommen. Du kannst nicht erwarten, dass sie nicht nur den

Weg durch die Atmosphäre in deine Stadt zielsicher hinter sich bringen, und dir sozusagen während deines Frühstücks im Bett auch noch geradewegs in den Schoß fallen. Und Mascha und ich, Paulina also, wir brauchten beide dringendst eine ganze Reihe ineinandergreifender glücklicher, wenn nicht göttlicher Fügungen, sollte dieser Heilige Abend nicht zu einer unvorstellbar deprrie stimmenden Katastrophe für zwölf Menschen werden.

"Is'n los, Pauli?" -

"Heilig Abend is los, Mascha, und zwar so was von!" -

"Oha! Und nu?" -

"Nu kommen in siebeneinhalb Stunden deine Eltern, meine Eltern, dein Freund Alex, mein Freund Perin, deine Schwester Simone und meine Geschwister Anna, Arthur und Anton." -

"Au weia!" -

"Exakt!" -

"Und nu?"-

"Planlos in die Stadt und auf ein halbes bis ganzes Dutzend Wunder hoffen, die zudem derart glücklich-göttlich ineinandergreifen, dass es passt?"-

"Man gönnt sich ja sonst keine Macken, wa?"-

"Genau, also warum nicht für einmal, etwas parapsychologisch angehaucht, hoffend abwarten, bis sich alles von selber fügt?"-

"Seh ich genauso, wo noch Weihnachten ist, weißte, da musste nur normal christlich zuversichtlich sein, weiter nix."-

"Gut, du kommst mal bitte so langsam in die Puschen, Mascha. Ich mach ma die Tür auf, hat geklingelt."-

"Dat erste Wunder steht wohl möglich schon vor der Tür, wa?"-

"Mag sein, Abmarsch Richtung Bad, ich mach schon dem Wunder auf."-

Als ich mit unserer Nachbarin von gegenüber zurückkam, war Mascha gerade unter der Dusche und ich hatte Oma Paschke allein am Hals, was aber tatsächlich gar nicht mal so übel in unseren Kram passte.

"Also, Fräulein Paulina..."-

"Frau Paulina, bitte Frau Paschke". -

"Frau Paschke-Hell bitte, Frau Paulina". -

"Okay, von mir aus gerne, Frau Paschke-Hell, von mir aus gerne auch beim ganzen Doppelnamen, auf keinen Fall aber Fräulein, no way. als Anrede, claro?"-

"Claro, Frau Paulina, claro. Hier sind ein gutes halbes Dutzend unterschiedlicher Sorten selbst gebackener Plätzchen, für sie und ihre Mitbewohnerin und vielleicht auch noch für Freunde und Freundinnen von ihnen."-

"Cool!"-

"Wissen se, ich hab einfach mal darauf los gebacken, weil mich das so schön beruhigt. Nun möchte ich aber auch, dass die Plätzchen am Heiligen Abend nicht mit mir allein oder so verdorren müssen, sondern kulinarische Gäste eines ganz zauberhaften Weihnachtsfestes werden können, um die sich alle sozusagen mit knurrenden Mägen reißen."-

"Oh. liebe Frau Paschke-Hell, sie machen Ihrem zweiten Nachnamen gerade alle Ehre, und sie kommen so was von zur rechten Zeit, dass ich glatt meine feministischen Prinzipien über Bord werfen möchte, um Ihnen doch das Fräulein als Anrede erlauben zu können."-

"Auf gar keinen Fall, Frau Paulina, auf gar keinen Fall! Sie sind viel zu jung, um ihre Prinzipien über den Haufen zu werfen. Zumal ich davon noch sowas von Lernen kann, mit meine siebenundsiebzig Jahre!"_

"Lügen werde ich jetzt nicht, Frau Paschke-Hell, dazu sind Sie mir zu wichtig."-

"Wieso lügen, is was passiert, was ich als Hausmeisterin wissen müsste?"-

"Ne, ich mein den Spruch, den heute alle so erwarten, wenn jemand garantiert nicht mehr in der Blüte seines Lebens steht."-

"Unterstehen Sie sich, Frau Paulina, unterstehen Sie sich, ich sehe keine Falte jünger aus, als ich bin, und ich werde riechen wie eine alte Frau riecht, die Zeit ihres Lebens Käse gegessen und Milch getrunken hat, und ich finde das auch noch gut."-

"Un wie riecht so ne alte Schachtel wie Sie, liebe Frau Paschke-Hell?", lachte Mascha plötzlich auf, während sie langsam den kleinen Korridor entlang kam, in ihrem nachtblauen Morgenmantel und mit so einem Tuch um den Kopf mit den frisch gewaschenen Haaren geschlungen.

"Na, Frau Mascha, wie ich rieche, ich alte Schachtel, wollen se wissen, eben wie ne Kuh, denke ich, mit obendrauf son bisschen Kölsch-Wasser, wobei ich schon lange nich mehr dieses Parfüm nehme, sondern das Pinienparfüm, das Sie mir mal geschenkt haben. Nu muss ich aber wieder gehn."-

"Haben Sie denn noch was vor?"-

"Sicher dat, ich fahr zu meiner Schwester nach Bad Neunahr, wird sicher gemütlich werden."-

"Gut, Mascha, ich begleite Frau Paschke-Hell noch rüber, schnapp mir dann die paar Treppen Richtung Briefkasten, und komme gleich mit Post und Zeitung zurück.

Als ich wenige Minuten später mit einem ganzen Dutzend an kleineren Päckchen zurückkam, die unten im Hausflur geparkt worden waren, zusammengebündelt und mit unseren Namen als Adressen versehen, saß Mascha im Sessel im Schneidersitz, mit dem Telefonhörer unseres nostalgischen Telefons, der sich derweil über die eine Lehne bergab drehte, und schaute mich völlig fassungslos an.

"Was is'n, Mascha, is was, was machste denn?" -

"Ich such das Weite, Paulina. Das Weite such ich! Das kann man nur, indem man ganz ruhig sitzenbleibt, wenn alles um einen rum von gerade auf jetzt völlig durchdreht und rumwirbelt, dann darfste dich einfach nicht rühren." -

"Un warum, was is'n passiert, weshalb du das Weite suchen musst?" -

"Weil alle Wunder, die wir brauchten, bereits von anderen gemanagt und angebahnt wurden. Wir müssen sie nur noch in Empfang nehmen."-

"Den Eindruck habe ich übrigens auch, unten standen ein Dutzend Päckchen, zusammengeschnürt und an uns adressiert, von wem, weiß ich nich. Wahrscheinlich vom Weihnachtsmann?" -

"Und vom Christkind, jau! Deine und meine Familie haben sich hinter unserem Rücken verbündet. Meine Brüder Arthur und Anton rücken gleich an, räumen hier auf und decken den Tisch!"-

"Echt?"-

"Echt! Wir sollen bloß schon Geschenke unter den nicht vorhandenen Weihnachtsbaum legen, alles andere regelte sich dann schon nahezu wie von selbst."-

"Weil Weihnachten is?"-

"Weil Weihnachten is, exakt!"-

Scheues Jonglieren

Mittlerweile hatte sich eine ungewöhnlich pralle Menschentraube auf dieser Seite der Mauer Charismaniens gebildet und alle hoben ihren Blick um etwa eineinhalb Meter hoch hinaus, um ihn dann, wie aus einem Guss, behände und im Rhythmus der fliegenden Objekte, die sie beobachteten, hin und her, hoch und runter schweifen zu lassen.

Es waren wohl, wenn ich mich auf meine Zählkunst verlassen kann, siebzehn bunte Bälle, die nun schon seit geraumer Zeit, von der anderen Seite der Mauer aus, von einem oder gar von mehreren Jongleuren, ohne Unterlass und ohne Fehler in der Luft gehalten wurden: oder hielten sie am Ende einander selbst und ganz und gar ohne Ursache und Wirkung, also fern aller Logik und alles Berechenbaren in der Luft und in der Schwebe?

Wie dem auch immer gewesen sein mochte, siebzehn bunte Bälle, wohl aus gefärbtem Leder, und im Umfang normaler Tennisbälle, nur eben nicht weiß, sondern jeder für sich auf eine andere eigensinnige Art im Zweilicht dieses späten Abends Reflektor schillernd leuchtender Regenbogenfarben, hoben in einem nicht beobachtbaren Moment ab und setzten fortan nie wieder am Boden auf, obwohl mittlerweile gut fünfhundert Jahre ins Land gezogen waren, und der Jongleur, hatte es je einen gegeben, denn niemand wurde gesichtet, ich war ja Augenzeugin, sollte schon längst das Zeitliche gesegnet haben, was der Normalfall nicht entkernter Menschlichkeit bis heute, wir schreiben den Monat Oktober und das Jahr zweitausendundsiebzehn, geblieben ist.

Es war warm damals und die Reisfelder glühten und blubberten, als seien sie vulkanisch angelegt. Der Himmel wurde nach und nach von dem Flammenrot der Sonnen eingenommen, und ich hörte ein etwa vier Jahre altes Kind laut glucksen, während es mit einer Hand zur Sonne hoch zeigte und mit der anderen seiner Mama am langen fein seidenen Gewand zupfte, das sie als Touristin outete, denn es war mehr der japanischen Kimono-Mode nachempfunden als der tatsächlich gerade in jenen Tagen aktuell gewesenen Tracht der Ming Dynastie, die, mongolisch inspiriert, in Form und Muster unaufdringlicher blieb, obwohl sie Terracotta als Untergrund, aber eben Gold als Farbe der eingewebten Designe bevorzugte.

"Look, the sun goes down to sleep inside the ocean, Ma, look, highfineunder!" –

Manche hatten ihr Festtags-Cheongsam an, als hätten sie geahnt, dass sie Zeugen eines Weltwunders wurden, das, bis zum heutigen Tag, noch unentdeckt geblieben, weiterhin auf seine Akzeptanz als überirdisch warten muss.

Andere waren europäisch gekleidet, unauffällig mittlerweile auch hier, an diesem Ort, an dem sie so vor gar nicht allzu langer Zeit noch als *strange*, als Ausländer und damit als zu Verjagende erkannt und verbannt worden wären.

In der Atmosphäre über den lachenden und rufenden, klatschenden und glucksenden Zuschauern schwirrten unendlich viele Slangs und Dialekte, unendlich vieler Sprachen, doch mein Programm lässt es momentan nicht zu, diese ins Schriftdeutsche onomatopoetisch zu überdichten. Besonders die Varietäten des Chinesischen und Japanischen, aber auch des Koreanischen und Baskischen schwirrten in meinen virtuellen Katalysatoren ungehört.

Über all dem aber hüpften regelmäßig und gleichmäßig siebzehn kunterbunte Jonglierbälle, hielten dabei stets den gleichen Abstand zueinander, als wäre dieser berechnet, und schwangen sich einmal etwa einen Meter und fünfzehn, dann etwa vierzehn bis siebzehn Meter und dann abermals nur einen Meter und fünfzehn hoch vom Boden ab. Die Strecke maß in der Breite etwa fünf Meter, und man konnte sich kaum vorstellen, wie ein Jongleur allein die Bälle über eine derartige Raumstrecke und über eine derartige, nicht enden wollende Zeitstrecke hinweg hätte beherrschen können sollen. Auch zur Skizzierung der dazu notwendigen technischen Hilfsmittel reichte das Einbildungsvermögen der hinzugerufenen Ingenieure, Informatiker, Mathematiker, Physiker, Chemiker und Mediziner, die aus aller Welt stammten, nicht aus, jedenfalls dann nicht, wenn wir dem, was sie uns anderen, die wir Zeitzeigen und Wunderzeugen waren, in insgesamt zweihundert und siebzehn Sprachen mitteilten, Glauben schenken durften.

Derweil schwangen sich eben nicht nur für kurze Zeit die Jonglierbälle in den Farben nachtblau, eisblau, silbergrau, wolkenweiß, terracotta, weinrot, burgunderrot, violett, lindgrün, englischgrün, tannengrün, piniengrünblau, türkis, indigoblau, meerblau, himmelblau und sonnengelb ungerührt und unermüdlich Jahrhundert um Jahrhundert weiter auf, hoben ab, purzelten aber niemals zu Boden und wurden stets in den gleichen Abständen zueinander gehalten und geworfen, ohne dass auch nur eine Spur eines Jongleurs oder einer Jongleurin oder einer Mannschaft von Jongleuren oder Jongleurinnen auszumachen gewesen wäre. Besonders geschulte Sondereinheiten des Militärs, sowohl der Nato als auch des asiatischen Bundes wurden erst kürzlich noch, so meldet mir meine rundum erneuerte Vision 7, mit der Aufgabe, herauszufinden, wer da jongliere, auf die andere Seite der Mauer geschickt. Selbstverständlich wurde dieser Spähtrupp begleitet von ausgebildeten Naturwissenschaftlern und Naturwissenschaftlerinnen, während andere Kulturwissenschaftler und Kulturwissenschaftlerinnen einmal mehr nicht berücksichtigt wurden, da man ihre Axiome und Hypothesen in dieser Angelegenheit zwar schätze, doch weder für maßgeblich noch gar für wesentlich erachte, hatte die Renaissance doch lang schon begonnen aufzuhören.

Dass wir über die Ergebnisse dieser militärischen Sondereinheit in Begleitung einer wissenschaftlichen Sondereinheit, welche aus Spezialisten und Spezialistinnen zusammengesetzt wurde, die aus allen Teilen der Welt zusammengerufen worden waren, bisher nichts erfuhren, liegt wohl weniger daran, dass dieses nun schon Jahrhunderte andauernde Naturspektakel, oder ist es ein Kulturspektakel, der siebzehn, offenbar aus dem Nichts heraus jonglierten Bälle auf nicht kartographiertem Grund stattfindet, der irgendwo an die Mongolei und irgendwo an China und so fort angrenzt, sondern vielmehr daran, dass es keine Ergebnisse gab, gibt und wahrscheinlich auch nie geben wird.

Die Autorin, Dr. Marie-Luise Wünsche, wurde 1959 in Kamen/ Westfalen geboren und ist derzeit wissenschaftliche Mitarbeiterin am Institut für Germanistik der Universität Koblenz-Landau, Campus Koblenz.

Die vorliegenden Kurzgeschichten sind ihr Debüt in Prosa. Zuvor publizierte sie eine Reihe von Gedichten innerhalb der ‚Bibliothek Deutschsprachiger Gedichte'. Zurzeit arbeitet sie an weiteren Lyrik- und Prosaprojekten sowie an einem Forschungsprojekt zur Prager Moderne im Umkreis von Dr. jur. Franz Kafka.

„In 24 Momentaufnahmen schreibt Marie-Luise Wünsche, Literaturwissenschaftlerin, von den Begegnungen mit dem Anderen. Das Andere hat viele Gesichter: Kultur, Alter, Sprache, Räume und Zeit. Nicht selten entlarven sich im Moment der Begegnung bekannte Erfahrens- und Verhaltensmuster als unzureichend, so dass das Andere trotz aller Anstrengungen der Figuren letztlich als das Fremde bestehen bleibt. Hiervon bleibt auch das Eigene nicht ausgeschlossen.

Mit versöhnlichen und unversöhnlichen Ausgängen nehmen die Kurzgeschichten Leserinnen und Leser mit auf literarische Reisen, die wie manchmal leichte, manchmal schwere Fußstapfen einen unvergesslichen Eindruck hinterlassen."

(Dr. Iris Meinen/ Timo Rouget, M.A.)

Literatur pur - die literarische Reihe im mykum Verlag

herausgegeben von Sigrid Norris (Auckland) und Bernd Ulrich Biere (Koblenz)

Im Frühjahr 2016 haben die neuseeländische Professorin Sigrid Norris und der Leiter des mykum Verlags, Prof. Dr. Biere, gemeinsam eine neue Reihe für die Publikation literarischer Texte unterschiedlicher Gattungen begründet, für deren Auswahl sie als Herausgeber verantwortlich zeichnen.

Band 1 (*„Liebe und Trennung“ - „Love and Separation“* ist ein zweisprachiger Gedichtband von Sigrid Norris, ein *‚dual language book‘*, in dem die Autorin ihre deutschsprachigen Gedichte selbst ins Englische übertragen hat: eine Gratwanderung zwischen zwei ‚Muttersprachen‘ (ISBN 978-3-9816448-8-3).

Band 2 (*„gedacht – gedichtet, gesehen – belichtet“*) versucht dagegen zwei Wahrnehmungsmodalitäten in Beziehung zu setzen: Text und Bild, Gedichte und diese ‚kommentierende‘ Fotos von Bernd Ulrich Biere, der die gedankliche und visuelle ‚Verdichtung‘ von Gedachtem mit Gefühltem und Gesehenem verbindet (ISBN 978-3-9816448-9-0).

Autorinnen und Autoren, die zur Weiterführung der Reihe *Literatur pur* beitragen möchte, sind herzlich eingeladen, ihre Texte beim mykum Verlag einzureichen.

mykum Verlag
Auf der Bornau 29
56321 Brey
GERMANY

info@mykumverlag.de